Ella Gabriele Amann, Frank Alkenbrecher

Das Sowohl-als-auch-Prinzip

Resilienz: Mit Sicherheit stark durch die Krise

Widmung

Wir widmen dieses Buch Ewald und seiner unvergleichlich resilienten Art, mit der er das Leben, bei allen Problemen und Herausforderungen, immer wieder mit Wohlwollen betrachtet. Er ist ein Meister der Improvisation und des Geschichtenerzählens. Von ihm und seinem Humor zu lernen ist uns immer wieder ein besonderes Geschenk.

Mit allen Formulierungen sind selbstverständlich immer Frauen und Männer gemeint. Das wird nicht nur der guten Form halber erwähnt, sondern trägt der Tatsache Rechnung, dass auch Frauen als Führungspersonal, Coaches, Wissenschaftlerinnen und Mitarbeiterinnen auftreten und aktiv sind.

Das Bambus-Prinzip®: Eingetragene Marke für Gabriele Amann.
Bildnachweise: jeweils Fotolia, Titelbild (5003829), S.9 (18389840),
S.25 (5004725), S.86 (5004593), S.89 (48152931), S.177 (26506642).
Portraitfotos: Thomas Pillwatsch Fotografie, www.hinterdenkulissen.at
Umschlaggestaltung: Mario Koell, Art Direction & Schöngeisterei,
www.schöngeisterei.com

Ella Gabriele Amann, Frank Alkenbrecher

Das Sowohl-als-auch-Prinzip

Resilienz: Mit Sicherheit stark durch die Krise.

Resilienz: Mit Sicherheit stark durch die Krise

Bibliografische Information der Deutschen Nationalbibliothek
Die Deutsche Nationalbibliothek verzeichnet diese Publikation in der Deutschen Nationalbibliografie; detaillierte bibliografische Daten sind im Internet über http://dnb.d-nb.de abrufbar.

Ella Gabriele Amann, Frank Alkenbrecher
Das Sowohl-als-auch-Prinzip
Resilienz: Mit Sicherheit stark durch die Krise.

Berlin: Pro BUSINESS 2015

ISBN 978-3-86386-806-2

1. Auflage 2015

Produktion und Herstellung: Pro BUSINESS GmbH
Gedruckt auf alterungsbeständigem Papier
Printed in Germany
www.book-on-demand.de

Inhalt

WUSSTEN SIE, DASS SICH BEIM MENSCHEN PRO STUNDE ETWA EINE MILLION ZELLEN NEU BILDEN? DAS SIND 16.666 PRO MINUTE UND 277 PRO SEKUNDE. WIESO TUN SICH MENSCHEN MANCHMAL SO SCHWER DAMIT, IM LEBEN ETWAS NEUES AUSZUPROBIEREN?

Zur Einstimmung

Anlässe für die Entstehung des Buches

Applied Improvisation World Conference 2013

Anlass für das vorliegende Buch sind zwei zentrale Ereignisse, die uns durch das Jahr 2013 begleitet haben. Den thematischen Hintergrund für die Veröffentlichung lieferte die Ausrichtung der achten Internationalen *Applied Improvisation Network* (*AIN*) *World Conference* 2013 in Berlin. Die Konferenz widmete sich dem Thema „The Art of Leadership – How to create resilient cultures in a VUCA world". Das Akronym VUCA steht für die volatilen, unsicheren, komplexen und mehrdeutigen Zeiten, in denen wir heute leben.

Im Rahmen von über 60 Vorträgen und Workshops gingen 230 Wissenschaftler, Experten, Wirtschaftspraktiker und Künstler aus 28 Nationen der Frage nach, inwieweit die Leitideen und Techniken der Improvisation geeignet sind, eine resiliente Führungskultur zu schaffen. Eine Führungskultur, die in der Lage ist, sich den Herausforderungen einer unsicheren und komplexen Zeit zu stellen.

Angewandte Improvisation steht in diesem Zusammenhang für die Kunst, professionell auf das Unvorhersehbare zu reagieren, vorausschauend zu handeln und aus Fehlern zu lernen. Denn Resilienz, d.h. Widerstandskraft gegenüber Krisen, basiert auf Elastizität, Achtsamkeit gegenüber Abweichungen, Flexibilität und Anpassungsfähigkeit.

Das *Applied Improvisation Network* beschäftigt sich seit mehr als zehn Jahren mit dem Thema Angewandte Improvisation in Wirtschaft, Bildung, Kultur und Therapie. Nach Amsterdam 2010, Baltimore 2011 und San Francisco 2012 kamen die Teilnehmer 2013 erstmalig in die Kultur- und Improvisationshauptstadt Deutschlands, nach Berlin.

Ein Jubiläum

Das zweite Ereignis ist ein Jubiläum. Die Autoren sind Teil der Generation Babyboomer und feierten 2013 gemeinsam ihren hundertsten Geburtstag. Glaubt man der Wissenschaft, entsprechen diese Lebensjahre 100 Jahren Resilienzerfahrung. Das Buchprojekt gab uns ausreichend Gelegenheit, eine fachliche, aber auch persönliche Bilanz in Sachen Angewandter Resilienz zu ziehen und diese These zu überprüfen. Das Buch gründet sich also auf viel Geduld im Umgang mit eigenen Krisen, auf 20 Jahren Führungserfahrung in der Industrie und Trainings- bzw. Coaching-Erfahrung im Bereich der Gesundheits- und Resilienzförderung.

Wir bieten Ihnen eine offene und zum Teil noch neue Sicht auf das Thema Resilienz. Die Resilienzforschung gibt uns bisher viele Antworten auf die Frage, was Resilienz eigentlich ist. Als Praktiker, Berater und Trainer beschäftigt uns jedoch vor allem die Frage, wie, wodurch und womit wir die Resilienz eines Unternehmens und seiner Mitarbeiter im Berufsalltag gezielt fördern können. Gibt es bei all den vielseitigen Methoden und Techniken, die bei der Resilienzförderung zum Einsatz kommen, einen zentralen Punkt, den wir zur Stärkung eines Systems ansteuern können? Davon handelt dieses Buch.

Noch einen Hinweis darauf, wovon es nicht handelt. Wir verstehen Resilienzförderung nicht als einen Trend oder einen Hype, sondern als eine fortwährende Entwicklungs- und Gestaltungsaufgabe. Wir werden Ihnen daher in diesem Buch nicht verraten, wie Sie auf die Schnelle eine resiliente Führungskraft werden, wie Sie umgehend aus Ihren Mitarbeitern ein *High-Performance-Team* mit *Excellence-Status* machen und wie Sie garantiert in Zukunft all Ihre Krisen problemlos managen oder gar loswerden.

Diesen Anspruch können wir schlicht und einfach nicht erfüllen. Zum einen, weil wir keine unrealistischen Erwartungen wecken wollen, zum anderen, weil Sie schon längst Resilienzexperte sind. Denn Sie kommen als perfekt ausgestatteter Change- und Krisenmanager auf die Welt. Aktivieren Sie mit uns Ihr Expertenwissen in Sachen „echt starker Führung“.

Wir werden Ihnen hierzu einige Momentaufnahmen aus Wissenschaft und Forschung vorstellen, die das Verständnis für die Entstehung von Resilienz erweitern und Ihnen einige zentrale Leit- und Ansätze für eine resiliente Führungskultur in Krisenzeiten vorstellen. Wir berichten von persönlichen Erfahrungen aus unserem Führungs- und Coaching-Alltag und geben Anregungen, wie Sie aus früheren Krisenerfahrungen lernen und zukünftige Krisen vermeiden bzw. besser abfedern können. Dabei setzen wir in diesem Buch absichtlich nicht auf die ganz großen, spektakulären Unternehmens- und Führungskrisen. Uns geht es um die Angewandte Resilienz im ganz normalen Führungsalltag und um die vielen kleinen, alltäglichen Gestaltungsaufgaben, die jeder von uns immer wieder neu zu meistern hat. Denn erlangen wir Sicherheit und Routine im Umgang mit den kleinen Krisen des Lebens, hilft uns dies auch beim Management der großen Lebenskrisen.

Die größeren und kleineren Krisen im Rahmen dieser Buchproduktion erlebten wir bei der Notwendigkeit, auf viele Hintergründe, Theorien, Modelle und Praxisbeispiele zum Thema verzichten und sämtliche Perfektionsansprüche über Bord werfen zu müssen.

Und natürlich tauchten im Verlaufe des Projekts viel mehr Fragen auf, als wir beantworten können. „Offene Fragen sind die neue Vollständigkeit“, ruft uns die Generation Y heute zu. Wir jungen Leute aus der Babyboomer-Zeit hätten das wohl noch so kommentiert: „Wow, das ist echt stark!“

Echt starke Führung?

Mit der Zunahme von Change-Prozessen, Krisen und den damit einhergehenden Belastungen für Systeme und Mitarbeiter werden nicht nur die Anforderungen, sondern vor allem auch die Erwartungshaltungen an Führungskräfte immer höher. Nicht selten werden Beförderungen und Karrieren am Ende zu einer unerträglichen Belastung und Überforderung für den Einzelnen. Die Delegation von Aufgaben, die Vereinbarung von Zielen, die Herbeiführung und Kontrolle von Arbeitsergebnissen ist eine zentrale Führungsaufgabe – hier bedarf es klarer Zuständigkeiten, Autorität und Durchsetzungskraft.

Doch dazu Menschen durch permanente Lern- und Veränderungsprozesse zu begleiten, sie stets zu motivieren, mit ihnen unter Stress effektiv und wertschätzend zu kommunizieren und in der Lage zu sein, ihre persönlichen Probleme und Sorgen aufzufangen, Coaching- und Wiedereingliederungsgespräche zu führen, gehört mehr als eine fachliche Kompetenz. Zu den Führungsaufgaben, wie sie heute immer mehr eingefordert werden, zählen eine gute Portion Persönlichkeit, das Interesse an psychologischen Zusammenhängen, Leidenschaft und vor allem eine lange Führungserfahrung.

Von Versuch, Irrtum und Führungserfahrung

Laut einer Studie des *Development Dimensions International* (Wellins, Selkovits & McGrath, 2013) unter 1250 neu ernannten Führungskräften auf der ganzen Welt sind nur 11 % auf ihre Führungsrolle vorbereitet worden. 57 % sagten, dass sie im ersten Jahr nur mit der fragwürdigen Methode von Versuch und Irrtum in die neue Position hineingefunden hätten.

Eine aktuelle Studie von Prof. Dr. Pelz (2013, S. 37) vom Lehrstuhl für Internationales Management und Marketing an der Technischen Hochschule Mittelhessen zeigt, dass es bei gelungener Führung vor allem auf die Erfahrung als disziplinarische Führungskraft ankommt. Lehrmeister sind demnach nicht Ratgeberbücher oder Leadership-Theorien, sondern eine jahrelange Führungspraxis. Laut Studie stellen sich bei Führungskräften und deren Mitarbeitern nach ca. 10 Jahren Routinen, Souveränität und Zufriedenheit ein.

Glücklich kann sich jede Führungskraft schätzen, die nicht nur befördert wird, sondern zugleich auch an einem Förderprogramm teilnehmen kann und darf. Das ist für die meisten Unternehmen leider immer noch nicht selbstverständlich, zumal es zeitaufwendig und kostenintensiv ist. Und so werden die meisten Führungskräfte im Rahmen einer Beförderung ins kalte Wasser geworfen. Eine Praxis, die in Anbetracht der heutigen Arbeitssituation unseres Erachtens unverantwortlich ist.

Und denjenigen, denen ein Weiterbildungsprogramm angeboten wird, eröffnet sich ein schier unüberschaubarer Weiterbildungsmarkt. Was wird gebraucht? Wo anfangen? Wie lassen sich die Qualitätsmerkmale einer Weiterbildung erkennen? Welche Art der Weiterbildung und Unterstützung ist hilfreich? Reichen ein paar Seminare? Braucht es ein Coaching- oder Mentorenprogramm? Nicht nur Führungskräfte selbst, auch HR-Fachkräfte und Personalentwickler sind mit der Beantwortung dieser Fragen häufig überfordert. Bei der Maßnahmenauswahl wird meist im Trüben gefischt. Weiterbildung nach Bauchgefühl ersetzt bedarfsgerechte Programme zur langfristigen Resilienzförderung und Unternehmenskulturentwicklung.

Führst du noch oder therapierst du schon?

Sollten sich Führungskräfte vor einem Jahrzehnt noch als Coach ausbilden lassen, sollen Sie heute mal eben interne Gesundheitsmanager und Resilienzberater werden. Zu uns in die Weiterbildung kommen Führungskräfte, die den Auftrag haben, umfassende Resilienz-Programme zu konzipieren und zu implementieren. Auf die Schnelle natürlich. Das Internet ist voll von Weiterbildungsangeboten, bei denen man sich fragt: „Was hat die Diagnostik von psychischen Krankheitsbildern noch mit der Führung eines Unternehmens zu tun?" Frei nach dem Motto: „Ansprechen ja – Diagnose stellen nein!", werden Führungskräfte in Seminaren und Coachings darin geschult, psychische Verhaltensauffälligkeiten zu erkennen und in Mitarbeitergesprächen anzusprechen.

Doch Führungskräfte sind weder Mediziner noch Psychologen oder Therapeuten. Das Gleiche gilt für Trainer, Coaches und Berater, die sich in den Bereich der Gesundheits- und Resilienzförderung vorwagen oder sich mit den Themenschwerpunkten Stress- und Burnout-Prophylaxe beschäftigen. Die meisten tun dies ohne eine entsprechende medizinische oder psychotherapeutische Zusatzqualifikation. Viele Führungskräfte und Berater bewegen sich in ihrer täglichen Arbeit in rechtlichen Grauzonen, oft ohne sich dessen bewusst zu sein. Auch die betriebliche Fürsorgepflicht kennt klare gesetzliche Grenzen. In einem Gutachten der Hans-Böckler-Stiftung (Kothe, W., 2011, S. 15), das sich mit den aktuellen gesetzlichen Grundlagen des Arbeitsschutzes in Bezug auf Stressvermeidung als präventiver Gestaltungsaufgabe beschäftigt, heißt es daher zu Recht:

„Vom Arbeitgeber wird weder die Behandlung noch eine Gesprächstherapie verlangt, sondern die Vermeidung bzw. die Verringerung objektiver Belastungsfaktoren, die sich z. B. aus der Arbeitsorganisation, der Arbeitsaufgabe oder der Arbeitskommunikation ergeben können."

Resilienzförderung – ein Paradigmenwechsel

Doch was heißt es konkret, Stressvermeidung als eine präventive Gestaltungsaufgabe anzusehen und objektive Belastungsfaktoren zu verringern? Es bedeutet nicht primär, Führungskräfte zu Hobbypsychologen, Coaches und Gesundheitsexperten auszubilden, sondern zunächst:

- Eine resiliente Unternehmens- und Führungskultur zu schaffen, die Mitarbeiter darin fördert und unterstützt, ihr von Natur aus vorhandenes Potential an Widerstandskraft gegenüber Stress abrufen und entfalten zu können.
- Mitarbeitern und Führungskräften bei psychischen Belastungen am Arbeitsplatz professionelle Hilfestellungen anzubieten (z.B. psychologische Berater, Betriebsärzte, Psychologen und Coaches).
- In Strukturen und Arbeitsbedingungen zu investieren, die das Unternehmen selbst, wie auch seine Mitarbeiter langfristig widerstandsfähig und krisensicher machen.

Wenn wir in diesem Buch über die Voraussetzungen für eine echt starke Führung und von Resilienzförderung sprechen, sprechen wir von einem heiklen Thema, nämlich der Bereitschaft zu einem grundlegenden Paradigmenwechsel in der Wirtschaft, aber auch in unserer Gesellschaft.

Die Fragen, was uns gesund hält, was uns zufrieden, glücklich und leistungsbereit macht, berühren politische, moralische, ethische und philosophische Fragestellungen. Es sind Fragen, die wir heute noch nicht beantworten können. Dennoch werden sie von Menschen und Mitarbeitern und auch von Unternehmern immer häufiger gestellt.

Resilienzförderung steht für einen tiefgreifenden Wandel und nicht für einen schnellen Reparaturbetrieb. Auch dieser Wandel ist für uns an sich nichts Neues. Grundlegende Reformen, Erneuerungen und Neuorientierungen von Kulturen und Gesellschaften sind immer wieder an der Tagesordnung. Und das Schöne ist: Wir sind gerade live dabei! Also verändern wir etwas! Schaffen wir eine Unternehmens- und Führungskultur, die uns Menschen, unseren Talenten und Fertigkeiten gerecht wird! So viel Zeit muss sein.

Goethe an Zelter im Juni 1825

»[...] alles aber, mein Teuerster, ist jetzt ultra, alles transzendiert unaufhaltsam, im Denken wie im Tun. Niemand kennt sich mehr, niemand begreift das Element, worin er schwebt und wirkt, niemand den Stoff, den er bearbeitet. [...]

Junge Leute werden viel zu früh aufgeregt und dann im Zeitstrudel fortgerissen; Reichtum und Schnelligkeit ist, was die Welt bewundert und wonach jeder strebt; Eisenbahnen, Schnellposten, Dampfschiffe und alle möglichen Fazilitäten der Kommunikation sind es, woraus die gebildete Welt ausgeht, sich zu überbieten, zu überbilden und dadurch in der Mittelmäßigkeit zu verharren. [...]

Eigentlich ist es das Jahrhundert für die fähigen Köpfe, für leichtfassende praktische Menschen, die, mit einer gewissen Gewandtheit ausgestattet, ihre Superiorität über die Menge fühlen, wenn sie gleich selbst nicht zum Höchsten begabt sind. Laß uns soviel als möglich an der Gesinnung halten, in der wir herankamen; wir werden, mit vielleicht noch wenigen, die Letzten sein einer Epoche, die sobald nicht wiederkehrt. [...]

Aus: Briefwechsel zwischen Goethe und Zelter. Hrsgeg. von Max Hecker. Zuerst Insel: Leipzig 1913, neu Frankfurt 1987, Bd. 2. S. 374/75. Verfügbar unter: http://www.goethe-gesellschaft-ravensburg.org/lektuere/zum-nachlesen (18.08.2014)

Resilienz – Die Urkraft im Umgang mit Krisen

„Resilience is neither ethically good or bad.
It is merely the skill and the capacity to be robust
under conditions of enormous stress and change."

Diane Coutu

Die Resilienzforschung geht seit Mitte der 1950er Jahre der Frage nach, wie es einigen Menschen gelingt, aus Krisen und widrigen Umständen unbeschadet oder sogar gestärkt hervorzugehen, während andere Menschen an ihnen zerbrechen. Nach dem Resilienzkonzept gehören Krisen zum normalen Alltagserleben und dienen als Anlass für Weiterentwicklung und persönliches Wachstum.

Zum Resilienzbegriff

Der Begriff Resilienz leitet sich aus dem englischen Wort *„resilience"* ab und umschreibt die Fähigkeit, erfolgreich mit belastenden Lebenssituationen umzugehen, d. h. widerstandsfähig gegenüber Krisensituationen zu sein. Im Deutschen sprechen wir von der Kunst des Stehaufmännchens oder einfach von Widerstandskraft.

Die Wurzel des Begriffes geht auf das lateinische Wort *„resilire"* zurück, was zurückspringen oder abprallen bedeutet. Entlehnt aus der Physik und Werkstoffkunde, bezeichnet Resilienz die Fähigkeit eines Werkstoffes, sich verformen zu lassen und dennoch in die ursprüngliche Form zurückzufinden. Der Begriff Resilienz wird ebenfalls zur Umschreibung von Stressresistenz, psychischer Robustheit oder psychischer Elastizität verwendet.

Resilienz bzw. resilience ist im angloamerikanischen Sprachraum ein feststehender Begriff, um generell die Toleranz eines Systems gegenüber Störungen zu beschreiben. Im Englischen sagt man auch *„to bounce back"* – wieder auf die Beine kommen.

Resilienz steht heute synonym für Krisenkompetenz und umschreibt die Fähigkeit eines Menschen oder Systems, Krisen und Veränderungsprozesse durch Rückgriff auf persönliche und strukturelle Ressourcen zu meistern.

„Resilienz ist kein Charaktermerkmal, sondern das Endprodukt von Pufferungsprozessen, welche Risiken und belastende Ereignisse zwar nicht ausschließen, es aber dem Einzelnen ermöglichen, mit ihnen erfolgreich umzugehen." Emmy E. Werner

Resilienz – einfach nur das nächste neue Modewort?

Der im deutschen Sprachgebrauch noch sehr junge Begriff führt zu hitzigen Auseinandersetzungen und Missverständnissen: „Ist Resilienz nur eins der nächsten Modewörter, das es in kurzer Zeit schon nicht mehr geben wird? Ist Resilienz eine ernst zu nehmende Methode? Kann man Resilienz lernen? Und wenn ja, wie schnell geht das? Reicht ein halber Tag aus, um unsere Mitarbeiter resilient zu machen?"

Die Erwartungen der Kunden sind so vielschichtig wie die Fragen, die in unseren Trainer- und Führungskräfteweiterbildungen auftauchen: „Wann bin ich ein Resilienztrainer? Wie kann ich als Führungskraft den Leuten diese Resilienz beibringen? Wie steht es um meine eigene Resilienz als Mitarbeiter? Was unterscheidet Resilienz von den vielen anderen Modellen wie der positiven Psychologie, dem *Salutogenese*-Modell oder den *Coping*-Strategien?"

Resilienz – so alt wie die Menschheit selbst

Nur so viel vorab: Resilienz, also die Fähigkeit, aus Krisen gestärkt hervorzugehen, ist so alt wie die Menschheit selbst. Dass das Phänomen der Resilienz eine sehr lange Tradition und viel mit innerer und damit echter Stärke zu tun hat, sieht man zum Beispiel an dem Ausspruch des tibetischen Meditationsmeisters Milarepa, der zwischen 1052 und 1135 gelebt hat: „Wenn man alles, was einem begegnet, als Möglichkeit zum inneren Wachstum ansieht, gewinnt man innere Stärke."

Neu ist das Interesse der Forschung und inzwischen auch der Wirtschaft an dieser uralten Erfolgsstrategie und die systematische Untersuchung der Fragen: „Was machen Menschen, die man resilient nennt, anders als jene, die an Krisen zerbrechen? Was ist deren Erfolgsrezept? Was können wir von diesen Menschen lernen und wie können wir dieses Erfolgsrezept auf unseren Lebens- und Berufsalltag übertragen?"

Eine neue erfolgs- und lösungsorientierte Sicht auf die Welt

Der Beginn der Resilienzforschung fiel in eine Zeit des Paradigmenwechsels. Mitte des zwanzigsten Jahrhunderts begannen Wissenschaftler und Forscher weltweit, sich neuartige Fragen zu stellen. Von den traditionell defizit- und problemorientieren Fragen wie „Was macht uns krank?" und „Wie können wir Krankheiten und Krisen bekämpfen und am besten vermeiden?", ging man über zu erfolgs- und lösungsorientierten Fragestellungen: „Was hält uns gesund? Was macht uns stark? Wie können wir mit Krisen, die unvorhergesehen eintreten, besser umgehen?" Dieser Paradigmenwechsel folgte den modernen Erkenntnissen und Fragestellungen der Quantenphysik, der Kybernetik, neuen systemischen Denkansätzen und vielen anderen gesellschaftlichen, wissenschaftlichen und technischen Entwicklungen, die bis heute dazu beitragen, unser Denken und Handeln an neue Gegebenheiten anzupassen und weiterzuentwickeln.

Erweiterte Fragestellungen auf soziale Systeme

Die Resilienzförderung von Systemen ist heute unmittelbar mit der Frage verbunden, wie wir die gesellschaftlichen Herausforderungen im Umgang mit kontinuierlichen Veränderungsprozessen und der Dynamik des Ungewissen meistern können. War die Grundlagenforschung zunächst noch mit der Frage beschäftigt, wie der einzelne Mensch mit belastenden Situationen und Krisen erfolgreich umgehen kann, so haben sich die Fragestellungen für Wissenschaft und Forschung in den letzten Jahrzehnten stark erweitert:

Wie schaffen es Unternehmen, z. B. nach den Ereignissen des 11. Septembers, gestärkt aus Krisen hervorzugehen? Wie können Teams und Organisationen das Unerwartete managen? Wie können sie für Spitzenleistungen sorgen, wenn sie in Umgebungen arbeiten, in denen das Potenzial für Fehler und Katastrophen exorbitant hoch ist – zum Beispiel in Atomkraftwerken? Wie können selbst soziale Systeme, Ökosysteme und Kommunen resilienter sein und die Resilienz von Lebensgemeinschaften fördern?

Der Resilienz-Zirkel und Schutzfaktoren

Die Resilienzforschung hat herausgefunden, dass es ca. einem Drittel aller Menschen aufgrund ihrer Veranlagungen und Lebensumstände gelingt, trotz widriger Bedingungen, gestärkt aus Krisen hervorzugehen. So hat man, neben äußeren Schutzfaktoren, eine Reihe von lern- und trainierbaren inneren Schutzfaktoren herausgearbeitet, welche die Widerstandsfähigkeit eines Menschen im Umgang mit Krisen erhöhen können.

Diese inneren und äußeren Schutzfaktoren fassen wir im Resilienz-Zirkel-Training wie folgt zusammen:

- **Optimismus:** Die Entwicklung einer optimistischen Grundhaltung gegenüber Veränderungen und eines positiven Selbst- und Fremdbildes.
- **Akzeptanz:** Der realistische Umgang mit einschränkenden wie auch förderlichen Umständen. Schaffung angemessener Rahmenbedingungen.
- **Lösungsorientierung:** Die Bereitstellung von Zeit, Raum und Ressourcen für einen kreativen und lösungsorientierten Umgang mit Problemen.
- **Selbstregulation:** Verbesserung des persönlichen Stress- und Gesundheitsmanagements, emotionale Kompetenz und Selbstfürsorge.
- **Selbstverantwortung:** Selbstwirksamkeitserleben durch Entscheidungskraft und das Ergreifen von Eigeninitiative.
- **Beziehungsgestaltung:** Die Inanspruchnahme von Hilfe, die Pflege von Netzwerken, das Bewusstsein für die eigene Vorbildfunktion.
- **Zukunftsorientierung:** Entwicklung starker Visionen, klarer Werte und das Erleben von Sinnhaftigkeit im Tun.
- **Improvisationsvermögen:** Das Erleben von Improvisationskompetenz in Hinblick auf den Umgang mit unvorhergesehenen Ereignissen.

Resilienz – keine Methode, sondern ein Metamodell

Um ein häufiges Missverständnis gleich vorab zu klären: Resilienz an sich ist keine neue Methode oder Technik, sondern ein Metamodell. Es zeigt uns sogenannte Muster (*Patterns* und *Role-Sets*) auf, von denen Organisationen und Systeme lernen können. Wir können an dieser Stelle auch von Best-Practice-Lösungen im Umgang mit Krisen sprechen.

Das Metamodell der Resilienz hilft uns, verdeckte Ressourcen zu aktivieren, belastende Situationen aus ungewohnten Perspektiven heraus zu betrachten und dadurch neue Verhaltensstrategien zu entwickeln. Die Muster des resilienten Verhaltens und des Denkens lassen sich auf vielen verschiedenen Ebenen unserer Gesellschaft beobachten: ökologisch, biologisch, ökonomisch, organisational, sozial, psychisch und gesundheitlich.

Das Resilienzkonzept stellt für uns einen wichtigen Orientierungsrahmen für die Schaffung einer konstruktiven und produktiven Unternehmenskultur dar, die Führungskräfte und Mitarbeiter dabei unterstützen kann, mehr Sicherheit im Umgang mit Krisen und alltäglichen Herausforderungen aufzubauen. Die Frage ist nicht, ob es Krisen im Leben von Unternehmen und Mitarbeitern gibt, sondern wie sie es schaffen können, mit der Krise als Herausforderung kreativ, wenn nicht sogar innovativ umzugehen.

Wir wünschen Ihnen beim Lesen viel Spaß und freuen uns auf Ihre eigenen Erfahrungsberichte zum Thema „Echt starke und resiliente Führung“!

Gabriele Amann und Frank Alkenbrecher

Berlin im Sommer 2014

Resilienz steht für die Toleranz eines Systems gegenüber Störungen.

I. Das-Sowohl-als-auch-Prinzip

"As tsunamis of complex change flood through our lives, organizations, and communities, the need to develop greater wisdom, resilience, compassion, and creativity at every level becomes ever more clear. We live in what military leaders describe as "VUCA times."
www.wisdomatwork.com

Willkommen in der VUCA-World!

Um die Phänomene der Unberechenbarkeit, Unsicherheit, Komplexität und Vieldeutigkeit in der neuen (Arbeits-)Welt zu beschreiben, sprechen Wissenschaftler und Experten heute von der so genannten VUCA-World oder auch dem VUCA-Environment. Das Akronym VUCA wurde Ende der 1990er Jahre vom US Army War College eingeführt und steht für volatile, uncertain, complex und ambiguous. Übersetzt heißt dies in etwa:

- unberechenbar, sprunghaft, flüchtig (volatile)
- unsicher, ungewiss (uncertain)
- komplex, verzweigt, vielschichtig (complex)
- viel-, doppel-, mehrdeutig, unklar (ambiguous).

Am Ende des Kalten Krieges und im Zusammenhang mit den Verhältnissen in Afghanistan und im Irak erkannte das amerikanische Militär, dass es mit seinem bisherigen linearen Mindset von Planung, Kontrolle und Optimierung nicht mehr weiterkam. Es war an der Zeit, ein neues Verständnis für den Umgang mit schnellen Veränderungen, die Zunahme an Unberechenbarkeit, Unsicherheit und Komplexität zu entwickeln.

Ein wichtiger Katalysator für die Verbreitung des VUCA-Begriffes waren die bis dato unvorstellbaren Anschläge vom 11. September 2001. Das VUCA-Akronym wurde zunehmend auch für das strategische Management in Unternehmen und für die Leadership-Debatte relevant. Seither ziehen viele Experten das sogenannte VUCA-Mindset heran, um Strategien zu entwickeln, die eine bessere Orientierung hinsichtlich der Frage geben, wie Gesellschaften und Unternehmen auf ein chaotisches, turbulentes und sich rasch veränderndes Umfeld reagieren können. Für einen ausführlichen Überblick zu den gesellschaftlichen Hintergründen der VUCA-World siehe Drath (2014, S. 294 ff.).

Die neuen Herausforderungen

Der VUCA-World oder auch dem sogenannten VUCA-Umfeld werden besondere Eigenschaften zugeschrieben, die Organisationen, Führungskräfte und Mitarbeiter vor neue Herausforderungen stellt:

- Die VUCA-World ist eine Welt der raschen und sehr häufigen Veränderungen, Restrukturierungen, Krisen und Change-Prozesse.
- Sie ist eine unsichere Welt, bestimmt von Übergängen und Transformationen. Sie fordert und fördert Erneuerungen, Innovation und die Entwicklung von Prototypen.
- Die Dinge sind sehr komplex, unüberschaubar, vielfältig, vernetzt und verzweigt. Vorgänge finden parallel, gleichzeitig und synchron statt.
- Die VUCA-World wird als unklare, mehrdeutige, paradoxe Welt umschrieben, über die uns leicht die Kontrolle entgleitet, weil deren Regeln und Akteure nicht mehr transparent, erkennbar oder greifbar sind.

- Sie bietet eine größere Freiheit für Individualisten, eine große Auswahl an Möglichkeiten. Regeln, Routinen und Muster sind da, um immer wieder gebrochen, angepasst und erneuert zu werden.
- Die Strukturen der VUCA-World sind flexibel und anpassungsfähig. Die VUCA-World geht über Grenzen, ist fließend, weltweit vernetzt, mobil und beweglich.
- Menschen in der VUCA-World agieren im Hier und Jetzt. Sie treffen Entscheidungen aus dem Moment heraus, sind spontan, kreativ, vielseitig, wecken den Forschergeist und machen neugierig.

Die schnelllebige und komplexe VUCA-World führt uns an unsere mentalen und körperlichen Grenzen. Sie schleudert uns aus unseren Komfortzonen, setzt uns unter Stress und überfordert uns. Sie verlangt von uns extrem hohe Präsenz, Aufmerksamkeit, Konzentration und Achtsamkeit.

Mit der Frage, wie Gesellschaften und Unternehmen mit Krisen, dem Unbekannten und einem hochkomplexen, sich rasch verändernden Umfeld umgehen können, beschäftigen sich seit Mitte der 90er Jahre des letzten Jahrhunderts Wissenschaftler verschiedenster Disziplinen. Aus der Vielfalt der Literatur möchten wir Ihnen drei Standardwerke kurz vorstellen und Ihnen zur Vertiefung empfehlen.

Karl E. Weick und Kathleen M. Sutcliffe: Das Unerwartete managen. Wie Unternehmen aus Extremsituationen lernen.

Die Organisationsforscher Karl E. Weick und Kathleen M. Sutcliffe beschäftigen sich in ihren Untersuchungen mit der Frage, wie Menschen und Organisationen für Spitzenleistungen sorgen können, wenn sie in Umgebungen arbeiten, in denen das Potential für Fehler und Katastrophen überdurchschnittlich hoch ist, z. B. bei einem atombetriebenen Flugzeugträger, bei der Flugsicherung oder bei Feuerwehreinheiten.

Solche Organisationen mit hoher Zuverlässigkeit werden unter dem Begriff *High Reliability Organizations* (HRO) zusammengefasst (Organisationen mit hoher Zuverlässigkeit). Die Erstauflage des heutigen Standardwerks „Managing the Unexpected: Assuring High Performance in an Age of Complexity" erschien bereits 2001.

Die Wissenschaftler fanden heraus, dass HROs den Gefahren im Umgang mit dem Ungewissen begegnen, indem sie eine von Achtsamkeit (*Mindfulness*) getragene Organisationsstruktur entwickeln. Dabei arbeiteten sie fünf Denk- und Handlungsprinzipien heraus, die sich auch auf andere Organisationen übertragen lassen. Ein achtsamer Umgang mit dem Unvorhergesehenen liegt demnach zugrunde, wenn Mitarbeiter von HROs

- kontinuierlich kleinere Fehler und Störungen aufspüren und diese an ihr Team zurückmelden,
- Vereinfachungen bei Interpretationen widerstehen und offen bleiben für neue Erklärungsansätze,
- nicht auf Plänen beharren, sondern sensibel bleiben für betriebliche Abläufe und die aktuellen Entwicklungen im Hier und Jetzt,
- Entscheidungswege situativ anpassen und ggf. denjenigen über das weitere Vorgehen entscheiden lassen, der näher am Problem ist und mehr Wissen über die aktuelle Situation besitzt,

- auf ein Kommitment zur Förderung von Resilienz Wert legen und Improvisation als eine Grundkompetenz ansehen.

Wir werden im dritten Abschnitt des Buches noch einmal näher auf diese fünf zentralen Prinzipien eingehen. Wie zentral sich der Aspekt der Resilienz für den Umgang mit Krisen und dem Ungewissen erwiesen hat, zeigt die Tatsache, dass das Buch in der zweiten Auflage 2007 mit einem neuen Untertitel veröffentlicht wurde: „Managing the Unexpected: Resilient Performance in an Age of Uncertainty".

Die Bedeutung von Resilienz und Improvisationsvermögen für das Management des Unerwarteten

Weick und Sutcliff beziehen sich in ihrem Buch unter anderem auf die Arbeiten von Aaron Wildavsky (1991) und stellen heraus, dass das „Commitment to Resilience" und die damit verbundene Offenheit für improvisiertes Vorgehen zentral für die Abfederung und Eindämmung von Krisen ist. Resilienz ist demnach eine Mischung aus der Fähigkeit, Fehler frühzeitig zu entdecken, aus ihnen Lernerfahrungen für die Praxis abzuleiten und der Kunst, das System durch improvisierte Methoden am Laufen zu halten.

So lassen sich Schwankungen und Unsicherheiten im System verringern. Der Modus der Resilienz begründet sich nach Wildavsky auf der Annahme, dass unerwartete Probleme allgegenwärtig und eben nicht vorhersehbar sind. Eine Best-Practice-Lösung, wie man mit dem unerwarteten Problem umgeht, ist daher von Natur aus Mangelware.

Resiliente Menschen bewegen sich in einem Denkrahmen, bei dem es um die Abschwächung und nicht allein um die Vorwegnahme von Problemen geht. Es gilt, Kenntnisse und Ressourcen zu beachten, die einen in die Lage versetzen, negative Überraschungen zu lindern, zu dämpfen, einzudämmen, zu reduzieren und zu verkleinern.

Nassim Nicholas Taleb: Phänomen Schwarzer Schwan

Ebenfalls 2001 erschien das erste Buch des Publizisten und Börsenhändlers Nassim Nicholas Taleb „Fooled By Randomness", welches sich mit Ereignissen in der Finanzgeschichte beschäftigt und in dem er zum ersten Mal vom „Schwarzen Schwan" spricht. Dass es überhaupt schwarze Schwäne gibt, hielt man lange für unmöglich, bis sie 1697 in Westaustralien gesichtet wurden.

Unter der Metapher des Schwarzen Schwans verstehen wir Ereignisse, die extrem unwahrscheinlich sind, völlig überraschend eintreten, sehr starke Auswirkungen haben und sich im Nachhinein durchaus einfach erklären lassen. Denn meistens gibt es eine Menge Warnzeichen, die im Nachhinein alle gesehen haben wollen, die aber zuvor von fast allen ignoriert wurden.

Richtig bekannt wurde die heute weit verbreitete Metapher erst 2007, als Nassim Taleb ihr mit „The Black Swan" ein ganzes Buch widmete und den Eintritt unerwarteter oder extrem unwahrscheinlicher Ereignisse anhand von Entdeckungen, geschichtlichen Ereignissen und künstlerischen Errungenschaften beschrieb.

Besonders Großunternehmen sind für Störungen anfällig. Der Zukunftsforscher Matthias Horx hat im August 2011 ein „Trend Update" zum Thema Resilienz herausgebracht. In seinem Beitrag „Resilienz – die Stehauf-Strategie" hebt Horx hervor, dass besonders Großunternehmen gegenüber unerwarteten extremen Schocks immer anfälliger werden und die Gefahr besteht, dass sie durch unvorhersehbare Ereignisse, Finanzkrisen, Markttrends oder disruptive Technologiesprünge aus der Kurve getragen werden.

Vor diesem Hintergrund wird auf die Verweildauer der größten US-Unternehmen hingewiesen, die nach dem „Standards & Poor´s 500 Index" seit 1953 von 90 Jahren auf 15 Jahre gesunken ist. Bis 2020 wird die Hälfte der heute noch gelisteten Unternehmen daraus verschwunden sein.

Bemerkenswert ist, dass „The Black Swan" ein Jahr vor dem Zusammenbruch von Lehman Brothers und der weltweiten Finanzkrise erschien, die relativ nahtlos in die Staatsschuldenkrise überging. Es folgte die Katastrophe in Fukushima und die – ebenfalls unerwartete und lange Zeit auch unvorstellbare – Energiewende, die ausgerechnet in Deutschland einen überraschenden Anfang nahm. Diese Beispiele zeigen, dass Wissenschaftler und Wirtschaftsexperten sich nicht erst seit jüngster Zeit mit dem Thema Unberechenbarkeit von größeren, nicht kontrollierbaren Ereignissen beschäftigen.

Was kommt nach der Generation X?

Hinter dem Hype des Ungewissen steckt aber mehr, nämlich ein Bewusstwerdungsprozess, der uns vor Augen führt, dass wir uns im Zusammenhang mit dem technologischen Fortschritt und mit allen politischen, wirtschaftlichen oder gesellschaftlichen Entwicklungen, die derzeit global stattfinden, nur einer Tatsache zu hundert Prozent sicher sein können: Es gibt keine hundertprozentige Sicherheit in äußeren Strukturen.

Diese Tatsache scheint für viele Menschen, vor allem die unserer Generation X angehören, paradox, widersprüchlich und nur schwer akzeptierbar. Denn wenn es ein Mantra gab, mit welchem unsere Babyboomer-Generation aufgewachsen ist, dann das der Sicherheit. Im Mittelpunkt unseres beruflichen Weltbildes standen finanzielle Absicherungen, Jobgarantien, klare Leistungskontrollen, die Beherrschbarkeit von Technik und die Beständigkeit äußerer Umstände. Doch die Realität hat uns eingeholt.

Das Thema Unsicherheit nimmt wieder eine bedeutende Rolle in unserem Leben ein und wir lernen von der Generation Y. Eine Generation, die bereits mit Krisen, Unsicherheit, Komplexität, neuen Medien und einem spielerischen Selbstverständnis für die Notwendigkeit zur Improvisation aufgewachsen ist. Und die nächste Generation Z ist schon im Anmarsch. Von ihr heißt es, dass Sie als „Digital Natives“ nicht nur ein extrem hohes Aktivitätsniveau und eine hohe Taktfrequenz aufweist, sondern zudem auch noch hochgradig individualistisch, auf eigene Ziele konzentriert und nutzenorientiert ist.

Im Gegensatz zu der Generation X oder Y ist die Generation Z mehr mit sich selbst und ihrem Mikro-Informationsmanagement auf Facebook & Co beschäftigt. Man spricht ihnen daher keine ausgewiesenen Teamplayer-Qualitäten mehr zu und auch weniger Loyalität gegenüber ihrem Arbeitgeber (Scholz 2012). Willkommen in einer schönen neuen Arbeitswelt. Drei Generationen prallen derzeit aufeinander. Und wie wird es erst sein, wenn wir mit der nächsten Generation wieder bei A anfangen?

- Generation X, die Materialisten, geb. ab ca. 1965
- Generation Y, die Teamplayer, geb. ab ca. 1980
- Generation Z, die Individualisten, geb. ab ca. 1995
- Generation A, die Resilienten, geb. ab ca. 20??

Andrew Zolli und Ann Marie Healy:
Resilience – Why things bounce back

Etwa 10 Jahre nach den Ereignissen des 11. September befragen der Zukunftsforscher Andrew Zolli und die Journalistin Ann Marie Healy weltweit Wissenschaftler, Politiker, Technologen, Unternehmer und Aktivisten zur Bedeutung der Resilienz für die Bewältigung von Krisen und den Umgang mit Veränderungen.

Im Zentrum der Aufmerksamkeit stehen für die Autoren vor allem folgende Fragen:

- Warum brechen manche Systeme zusammen, während sich andere erholen?
- Wie viel Veränderung kann ein System verkraften, dabei intakt bleiben und weiterhin seinen Zweck erfüllen?
- Wie muss ein System beschaffen sein, damit es sich schnell an veränderte Bedingungen anpassen kann?
- Welche Vorkehrungen können wir in einer von permanenten Umbrüchen geprägten Zeit treffen, um uns selbst, unsere Städte, unsere Unternehmen, unsere Wirtschaft, unsere Gesellschaft und unseren Planeten dagegen zu wappnen?

Zolli und Healy (2013, S. 15) bringen die gegenwärtige Situation zur interdisziplinären Resilienzforschung wie folgt auf den Punkt: „Wie bei einem sich entwickelnden Polaroidfoto kann man derzeit beobachten, wie aus einzelnen Erkenntnissen, Lektionen und Faustregeln eine neue wissenschaftliche Disziplin entsteht. Allmählich zeichnen sich verallgemeinerbare Einsichten ab, wie man gesellschaftliche, wirtschaftliche und technische Systeme so gestalten kann, dass sie für Störungen gerüstet sind, sich bei Beschädigung selbst reparieren können und auch unter völlig veränderten Bedingungen weiterhin funktionsfähig sind."

In ihrem Buch werden anhand verschiedener weltweiter Projekte und Beispiele Resilienzstrategien oder auch Muster der Resilienz zusammengetragen, welche sicherstellen, dass Systeme für den Fall einer Krise über ausreichende Reserven verfügen. Zu diesen Resilienzstrategien und -mustern von Systemen gehören:

Effektive Feedback-Mechanismen: Diese erlauben ein rechtzeitiges Reagieren bei plötzlichen Veränderungen oder beim Erreichen einer kritischen Schwelle. Die Feedback-Mechanismen reichen von mechanischen Kontrolllampen bis zu hochkomplexen Daten-Feedback-Systemen, mit denen es möglich wird, über Twitter Erdbebenwarnungen zu optimieren oder durch den Einsatz von Mobiltelefonen Seuchenausbrüche vorherzusagen.

Dynamische Selbstanpassung und eingebaute Korrekturmechanismen: Nicht nur die sofortige Rückkopplung von Informationen ist von erheblicher Bedeutung, ebenso wichtig ist die Art und Weise, wie ein System seine Funktionsweisen dynamisch anpassen kann. Resiliente Systeme verfügen über eingebaute Korrekturmechanismen, die erst im Krisenfall in Aktion treten – vergleichbar mit unseren Antikörpern.

Modulare, einfache Strukturen sowie die Möglichkeit der Abkopplung und Schwarmbildung: Systeme können sich dann leichter an veränderte Bedingungen anpassen, wenn sie in der Peripherie vielleicht kompliziert und komplex sind, im Kern aber eine einfache modulare Struktur aufweisen. Sie können im Notfall in einzelne Elemente zerlegt und bei laufendem Betrieb neu zusammengesetzt werden. Ausfälle in Teilbereichen wirken sich dann nicht auf das ganze System aus – vergleichbar mit der DNS unserer Körperzellen.

Auch Cloud Computing ist nur aufgrund der Prinzipien von Modularität, Schlichtheit und Interoperabilität möglich: eine Gruppe von vernetzten, redundanten Servern kann ihre Kapazität vereinen, um bestimmte Aufgaben zu bewältigen, sich je nach Bedarf hoch- oder runterfahren und den Verbund wieder auflösen.

Konzentration von Ressourcen und Vielfalt: Ein weiteres Erfolgsrezept resilienter Systeme beschreiben Zolli und Healy (2013) mit der sogenannten Zusammenballung von Ressourcen, die geprägt ist von der Konzentration und der Vielfalt von Talenten, Ressourcen, Werkzeugen, Modellen und Ideen. Sie beschreiben damit das Phänomen der „geballten Vielfalt", das Grundlage der Resilienz von Innovationszentren wie dem Silicon Valley ist, ebenso wie von natürlichen Resilienzsystemen, wie einem Primärwald.

Und bei allen Sicherheitsvorkehrungen, die ein resilientes System vor Ausfällen schützen, weisen Zolli und Healy in ihrer Einleitung darauf hin, dass für viele Spielarten der Resilienz moderate Ausfälle sogar notwendig sind, damit Ressourcen freigesetzt und neu verteilt werden können:

„Resiliente Systeme fallen auf ‚elegante' Weise aus – sie verfügen über Strategien, gefährliche Umstände zu vermeiden, Störungen zu erkennen, Schäden an Einzelbestandteilen zu minimieren und zu isolieren, ihren Bedarf an Ressourcen zu diversifizieren, auf Sparflamme zu funktionieren und sich nach einer Störung neu zu organisieren. Solche Systeme sind niemals perfekt, ganz im Gegenteil, denn ‚perfekte' Systeme sind in der Regel auch am anfälligsten. Resilienz ist wie das Leben: chaotisch, unvollkommen und ineffizient. Aber sie überdauert." (Zolli & Healy, 2013, S. 24).

Fragen an eine resiliente Organisation

Innovation:	Wie kann ein Unternehmen Krisen für Lernprozesse nutzen und gestärkt aus ihnen hervorgehen?
Redundanz:	Inwieweit können Unternehmen Krisen vermeiden und sich vor den Auswirkungen von Krisen schützen, indem sie technisch, monetär und personell auf zusätzliche Kapazitäten zurückgreifen?
Komplexität:	Wie können Systeme den Anforderungen einer hochkomplexen, multimedial vernetzten Arbeitswelt gerecht werden?
Gesundheit:	Wie können körperliche und psychische Belastungen am Arbeitsplatz reduziert oder vermieden werden?
Ressourcen:	Was können Unternehmen tun, um Effektivitäts- und Effizienzbestrebungen mit einer nachhaltigen, ressourcenorientierten Arbeitsweise zu verbinden?
Talent-förderung:	Wir kann eine Organisation ein kreatives Lern- und Erfahrungsumfeld bereitstellen, in dem Mitarbeiter ihre Potentiale entfalten können?
Echtzeit-lernen:	Wie können Führungskräfte und Mitarbeiter für eine offene Fehlerkultur und schnelle Feedbackschleifen sorgen?
Diversität:	Wie können Unternehmen den besten Nutzen aus kultur- und fach- und generationsübergreifenden Teams ziehen?

Neue Führungsqualitäten für die VUCA-World

In VUCA-Zeiten ist die Resilienz eines Systems extrem gefordert. Es gilt, durch geeignete Maßnahmen und Verhaltensweisen die Krisenanfälligkeit eines Systems zu reduzieren, Spannungen im Vorfeld zu vermeiden und mit unvermeidbaren Störungen angemessen umzugehen. Wie können Unternehmen und vor allem Führungskräfte mit Zeiten des Wandels und der Krisenanfälligkeit adäquat umgehen?

Die Managementliteratur hat eine Reihe von Einstellungen, Verhaltensweisen und Soft Skills zusammengetragen, die für das Führungsverhalten in der VUCA-World von entscheidender Bedeutung sind. Trainiert werden sie mit maßgeschneiderten Coaching-Maßnahmen und im Rahmen neuer, interaktiver Lernsettings. Eine wichtige Devise lautet: rasche und adäquate Anpassung an neue Umstände durch Echtzeitlernen im Kontext laufender Projekte. Im Folgenden eine Zusammenstellung der wichtigsten VUCA-Skills, die Führungskräfte heute mitbringen sollten:

Führungskräfte beherrschen das VUCA-Mindset

- Die Welt ist unberechenbar, unsicher, komplex und mehrdeutig. Veränderungen gehören zum Leben.
- Fehler gehören zu einer lernenden Organisation. Es ist nicht wichtig, dass du scheiterst, sondern dass du danach wieder aufstehst, aus den Fehlern lernst und weitermachst.
- Zentral sind Vernetzungen, Wechselwirkungen, die Qualität von Beziehungen, das Denken im Sowohl-als-auch-Modus.
- Das unmittelbare Reagieren im Hier und Jetzt. Es gilt, Probleme schnell zu erkennen und lösungsorientiert vorzugehen.

- Die generelle Offenheit für improvisiertes Handeln. Prinzip des prozessorientierten Vorgehens.
- Das Brechen und Neuerstellen von Routinen, Mustern und Gewohnheiten.

Führungskräfte sind flexibel, anpassungsfähig und agil. Sie besitzen:

- die Fähigkeit zu einem komplexen, anpassungsfähigen Denken, die Fähigkeit, gut und schnell hinzuzulernen (Jetzt-Zeit-Lernen),
- eine hohe Spontanität, Kreativität und Phantasie, eine ausgeprägte Achtsamkeit gegenüber sich selbst und anderen,
- eine schnelle Auffassungsgabe und Reaktionsbereitschaft, d. h. ein hohes Maß an Flexibilität und Geschwindigkeit in der Entscheidungsfindung,
- sie sind pro-aktiv im Umgang mit kontinuierlichen Veränderungen von Menschen, Prozessen, Technologien und Strukturen, die sie selbst anregen, begleiten und fördern,
- sie erzeugen Visionen, Verständnis, Klarheit und sind anpassungsfähig (siehe unten, sogenannter VUCA-Flip).
- Führungskräfte fördern das Kommitment zur Resilienz, den Aufbau allgemeiner Widerstandskraft gegenüber Krisen im Team.

Führungskräfte folgen neuen Leitsätzen wie:

- Lerne, dich zu entwickeln, nicht nur zu überleben. (Learn to thrive, and not just to survive.) Sei offen und bereit, dich kontinuierlich auf Veränderungsprozesse einzulassen.
- Erkenne deine Stärken und die deiner Mitarbeiter.
- Fördere die Fähigkeit, Fehler zu erkennen und gemeinschaftlich aus ihnen zu lernen.

- Sorge für eine exzellente Kommunikation und Beziehungsgestaltung. Lerne, gut für dich und andere zu sorgen. Entwickle ein gutes Stressmanagement und lerne, mit widersprüchlichen Emotionen umzugehen.
- Öffne dich für dein Improvisationsvermögen und trainiere deine Fähigkeit, schnell und spontan auf Veränderungen zu reagieren.
- Warte nicht, bis sich etwas am oder im System verändert. Ändere selbst etwas, indem du mit den Mitteln und Ressourcen arbeitest, die bereits vorhanden sind.

Was versteht man unter einem Mindset?

Den englischen Begriff *Mindset* können wir im Deutschen umschreiben als Denkweisen, Einstellungen, Haltungen und ein bestimmtes Verständnis, das wir von einer Sache haben.

Was versteht man unter Echtzeitlernen?

Weiterbildung findet nicht im Rahmen von theoretischen Seminarsettings und anhand fingierter Fallsimulationen statt, sondern prozessorientiert, durch die kontinuierliche Auswertung und Verbesserung aktueller Projekte und Arbeitssettings. Der Trainer begleitet Führungskräfte und ihre Teams als neutraler Moderator, Coach und Impulsgeber.

Was ist der so genannte VUCA-Flip?

In der amerikanischen Literatur (z. B. Johansen, 2012) finden wir den Begriff VUCA-*Flip*. Dieser stellt den vier Eigenschaften der VUCA-World, (Volatile, Uncertain, Complex und Ambiguous) vier Strategien gegenüber, die dabei helfen sollen, mit der VUCA-World besser klar zu kommen: Vision, Understanding, Clarity, Adaptability.

Alles VUCA oder was?

Durch eine weltweite Vernetzung, komplexere Arbeitsstrukturen, unmittelbare Wechselwirkungsprozesse und schnellere Informationsflüsse sind wir von den Auswirkungen der VUCA-World heute alle mehr oder weniger betroffen und bekommen den zügigen Fahrtwind der VUCA-World fast überall zu spüren. Dennoch müssen wir uns im Klaren darüber sein, dass es Krisen, Veränderungsprozesse und stürmische Zeiten für Unternehmen schon immer gegeben hat.

Daher stehen die neuen Leadership-Skills nur auf den ersten Blick im starken Kontrast zu den traditionellen Erwartungshaltungen, die wir an eine Führungskraft haben. Bei genauerem Hinsehen wird klar, dass langfristig erfolgreiche Unternehmen und Führungskräfte VUCA-Skills immer schon beherrschen mussten. Neu sind für viele Unternehmen und Führungskräfte heute hingegen die enge Taktung, die Vielfalt von Anpassungsprozessen und die starke Betonung des zwischenmenschlichen Aspekts im Führungsalltag:

Von der Ausnahme zur Regel: Restrukturierungen, Change-Prozesse und die damit verbundenen Krisen sind heute nicht mehr die Ausnahme, sondern für viele Firmen und Mitarbeiter ein Normalzustand. Hierdurch steigt der Bedarf an Führungskräften und Mitarbeitern, bei denen jene Soft Skills vorausgesetzt werden, die früher nur in Ausnahmesituationen gebraucht wurden.

Vielfalt als Selbstverständnis: Aufgrund von Globalisierung, Vernetzung, interkultureller und interdisziplinärer Arbeitsumgebung sind die kommunikativen und zwischenmenschlichen Anforderungen an Führungskräfte und Mitarbeiter vielseitiger geworden.

Menschen sind keine Maschinen: Die Produktivität in Dienstleistungsberufen folgt anderen Gesetzmäßigkeiten als die der maschinellen Produktion. Durch die Zunahme von chronischem Stresserleben und psychischen Belastungen benötigen Führungskräfte, neben ihren Fachkenntnissen, heute ein weitaus größeres Repertoire an psychologischen Grundkenntnissen, als dies früher der Fall war.

Hinzu kommt: nicht alle Branchen sind gleich stark mit den Phänomenen der VUCA-World konfrontiert. Viele Unternehmen, Führungskräfte und Mitarbeiter schippern nach wie vor in ruhigen Gewässern. Dort leiden Mitarbeiter unter Eintönigkeit und Langeweile, sind eher unter- als überfordert. Sie sitzen in starren und sicheren Strukturen fest und um sie herum scheint sich so gut wie nichts zu verändern. Das erschreckende Phänomen: Auch hier gibt es Stress und Menschen, die unter den psychischen Belastungen zusammenbrechen. Fachleute sprechen hier nicht von einem Burn-, sondern einem Bore-out-Syndrom.

Was ist nur los in unserer neuen Arbeitswelt? Einseitige Erklärungsmuster – so neu und spannend sie sein mögen – helfen uns in der täglichen Beratungs- und Trainingspraxis nicht weiter. Wollen wir die VUCA-World und die Probleme, die sie erzeugt, besser verstehen, ist es notwendig nachzuvollziehen, wogegen sich die VUCA-World eigentlich abgrenzt. Wir haben die neue VUCA-World daher in Bezug zu unseren Erfahrungen im Unternehmensalltag gesetzt und ein korrespondierendes Akronym entwickelt: die SSEE-World!

Willkommen in der SSEE-World!

Das Arbeitsleben in der SSEE-World findet in den ruhigeren Zeiten und Gewässern unseres Lebens statt. Hier ist das Leben vorhersehbar, planbar und alles hat seine Ordnung.

Das Akronym SSEE steht für

- Stabil
- Sicher
- Einfach
- Eindeutig

Die traditionellen Herausforderungen

In der SSEE-World geht es um den Erhalt dessen, was erschaffen wurde, um die Pflege von Traditionen und um Zuverlässigkeit. Sie funktioniert nach klaren Regeln, in ihr ist alles wohl strukturiert und stabil. Veränderungen gehen eher langsam vor sich. Klare, einfache Rhythmen bestimmen das Zusammenwirken. Die SSEE-World zeichnet sich durch Optimierungsprozesse, Effektivität und Effizienz aus.

- Alles hat seinen zugewiesenen Platz, liebgewonnene Gewohnheiten und Best-Practice-Lösungen herrschen vor.
- Feste Strukturen, Vorgaben, Routinen und Regeln funktionieren perfekt, was die Menschen, die in der SSEE-World leben und arbeiten, erfolgreich sein lässt.
- Man wiegt sich in Sicherheit. Erfolgsrezepte erwecken den Eindruck von Unerschütterlichkeit und Beständigkeit.
- Unternehmenskulturen streben nach immer mehr Effizienz und Optimierungsprozessen, um auf Wachstums- und Erfolgskurs bleiben zu können.

- Perfektion, maschinelles Denken und Reproduktion des immer Gleichen entwickeln sich zu einem ultimativen Anspruch.

Der gute alte Führungsstil der SSEE-World

Entsprechend hat auch die SSEE-World ihren ganz persönlichen Führungsstil entwickelt, der von Ausdauer, Stärke und Durchsetzungskraft gekennzeichnet ist.

- Klare Zielvereinbarungen, direkte Marschrouten, Planungskompetenz und die korrekte Erfüllung von Leistungsvorgaben sind die Erfolgskriterien.
- Was zählt, sind Logik, Sachverstand und die Fähigkeit, Dinge nach klaren, einfachen Gesichtspunkten zu betrachten.
- Führung lebt von Entscheidungskraft, von klaren Anordnungen und der Einhaltung von Hierarchien.
- Von Bedeutung sind Delegationsfähigkeit, Geduld, Ausdauer, Zuverlässigkeit und Stringenz.
- Gut Ding will Weile haben. Ein gutes Handwerk, Qualität, Details und eine perfekte Ausführung setzen Maßstäbe.
- Führungskräfte ordnen an, halten sich an Regeln und Vorgaben und sorgen dafür, dass andere sich an ihnen orientieren.
- Führungskräfte sorgen für Optimierung, Erfolge, Effizienz und maximale Gewinne.
- Was zählt, sind Tradition und Überlieferung. Produktivität steht vor Kreativität. Reproduktion vor Innovation. Bewahrung, Sicherung und Bestandsschutz gehen vor Entwicklung, Erneuerung und Veränderung.

Effizient, aber anfällig für Störungen

SSEE-World-Unternehmen stehen für Wachstum und für eine stabile und krisenfeste Welt. Sie sind in einem Kontext zu Hause, welcher von Beständigkeit, Zuverlässigkeit und Voraussagbarkeit geprägt ist. Das Problem: Technologischer Fortschritt geht oft mit einem Gefühl von absoluter Kontrolle und Beherrschbarkeit einher. Die Bereitschaft, immer höhere Risiken einzugehen, steigt. Zugleich minimiert sich die Fehlertoleranz des Systems. Reduktion und Gleichförmigkeit gehen vor Redundanz und Vielfalt. Klare Hierarchien und Anweisungen stehen vor Vertrauen und kooperativem Handeln.

SSEE-World-Unternehmen sind effizient, aber anfällig für Störungen, sobald es zu unvorhergesehenen Ereignissen, einschneidenden Veränderungen, Krisen oder Naturkatastrophen kommt. Erfolgsfaktoren, die in ruhigen Zeiten den Ton angeben, machen das System in Krisenzeiten anfällig und reduzieren seine Resilienz. Mit der Zeit verlieren sie ihre Anpassungsfähigkeit und Elastizität. Sie werden rigide, starr und unflexibel.

So kommen traditionelle Führungsstile immer dann schnell an ihre Grenzen, wenn die Welten beginnen sich zu vermischen. Nimmt z. B. die VUCA-Energie in einem traditionellen SSEE-World-System zu, sind mehr Flexibilität und Anpassungsfähigkeit gefragt. Um die vielseitigen Anforderungen des VUCA-Arbeitsalltags bewältigen zu können, benötigen Mitarbeiter mehr Selbstbestimmung und Gestaltungsfreiheit. SSEE-World-Führungskräfte und -Mitarbeiter, die sich heute permanent mit den Unberechenbarkeiten und schnellen Veränderungen der VUCA-World auseinandersetzen müssen, sehnen sich daher nach der gewohnten Ruhe, nach Routinen, mehr Zeit und Beständigkeit.

Führung als Balanceakt

Für uns Praktiker entsprechen beide Welten einem Idealbild und damit Extremwelten. VUCA- und SSEE-World bilden nahezu romantische Gegensätze, die mit den Farbabstufungen und den Grauzonen der Realität des Unternehmens- und Führungsalltags nicht viel zu tun haben. Beide Idealwelten haben ihre realen Entsprechungen und es lässt sich auf metaphorischer Ebene gut mit ihnen arbeiten.

So gibt es Führungskräfte und Mitarbeiter, die sich von Natur aus in der einen Unternehmenskultur wohler fühlen als in der anderen. Manche kommen mit beiden Extremwelten gut klar und pendeln mühelos zwischen ihnen hin und her. Sagt man der IT-Branche eher nach, dass sie in der VUCA-World beheimatet ist, würden wir Versicherungen, Banken oder Verwaltungen traditionell eher zu den SSEE-World-Strukturen zählen.

Auch die Entwicklungsphasen eines Unternehmens sind mal mehr von der VUCA-World geprägt und mal mehr von der SSEE-World: In Phasen der Unternehmensgründung, der Umstrukturierung oder des Abbaus gibt es eindeutig mehr VUCA-Einflüsse als in den stabilen Phasen dazwischen, in denen die ruhigere SSEE-World den Takt vorgibt.

Resilienz zu fördern heißt, die innere Spannkraft und Elastizität eines Systems zu erhöhen. Ein erster Schritt besteht in einer Standortbestimmung und darin, zu erkennen, wie VUCA- und SSEE-World sich in einem Unternehmen gegenseitig inspirieren und beeinflussen. Zu verstehen welche enormen Vorteile, Qualitäten, aber auch kritischen Aspekte und Gefahren in beiden Welten beheimatet sind, hilft uns, die Fähigkeit zu entwickeln, uns freier und fließender zwischen ihren Polen und der Realität des Alltags zu bewegen.

Zu wissen, in welchem Kontext welche Eigenschaften beider Welten zusammen die besten Ergebnisse erzielen, macht jedes Unternehmen samt seiner Mitarbeiter stärker, erfolgreicher, resilienter und krisensicherer.

Unternehmenskulturen im Wandel

Die neuen Kommunikationstechnologien, Globalisierung, Change-Prozesse und Krisen gehen mit viel VUCA-Energie einher. Besonders in traditionellen SSEE-World-Unternehmen entstehen hierdurch für Unternehmensleitung und Mitarbeiter neue, ungewohnte Spannungsfelder, welche die Resilienz stark beeinträchtigen können. In den letzten zwei Jahrzehnten haben sich die Arbeitsbedingungen daher für viele Mitarbeiter grundlegend geändert. Die Übergänge zwischen den beiden Welten werden immer fließender und lassen sich nicht mehr so scharf abgrenzen wie früher.

Sie können heute in ein traditionelles SSEE-World-Unternehmen gehen und von Abteilung zu Abteilung verschiedene Ausprägungen der VUCA-World wahrnehmen. Umgekehrt müssen auch die modernen VUCA-Arbeitswelten SSEE-World-Qualitäten entwickeln, um wirtschaftlich und produktiv zu sein. So herrschen in der Abteilung der Softwareentwickler andere Spielregeln als nebenan in der Buchhaltung.

Führungskräfte, die auf einen integrativen Führungsstil zurückgreifen können, haben es leichter, immer wieder die Balance zwischen den Einflüssen und Anforderungen beider Unternehmenskulturen herzustellen. Derzeit erleben wir noch, dass die Arbeitsprinzipien aus der VUCA-World alternativ zu den Arbeitsleitbildern der SSEE-World wahrgenommen werden. Verständlich, denn auf den ersten Blick scheinen VUCA-World und SSEE-World unterschiedliche Ziele zu verfolgen.

Die eine Welt strebt nach Veränderung, hoher Flexibilität und Spontanität. Die andere nach Stabilität, Sicherheit und Kontrolle. Doch aus der Führungserfahrung wissen wir alle, dass die Bestrebungen beider Welten immer schon nebeneinander existiert haben und beide das gleiche Ziel verfolgen: Sie möchten auf ihre Art erfolgreich, produktiv, zeitgemäß und wertvoll sein.

Beide Arbeits- und Organisationsformen ergänzen sich optimal. Im Arbeitsalltag scheitern wir, wie so oft, an interkulturellen Missverständnissen. Wir ziehen das Vertraute und Gewohnte dem Fremden vor. Wie sind wir aufgewachsen? In der SSEE- oder VUCA-World? Was haben wir dort gelernt? Was glauben wir ist richtig oder falsch? Wir haben Vorurteile, bewerten andere Kulturen – und wissen dabei eigentlich nicht viel voneinander.

Von einigen Grenzgängern abgesehen, die damit vertraut sind, zwischen SSEE- und VUCA-World zu vermitteln, bleibt jeder bei dem, was er am liebsten mag. Hinzu kommt: nicht jeder Mitarbeiter passt in jede der beiden Welten. Wir haben verschiedene Talente, Vorlieben, Stärken und Schwächen. Nicht jeder kann von jetzt auf gleich zum Grenzgänger werden und wie selbstverständlich zwischen den Welten hin und her wechseln. Recruiting und Personalentwicklung stehen hier vor einer großen und wichtigen Aufgabe.

Die Metaphern der SSEE- und VUCA-World machen deutlich, mit welchen Kontrasten wir im gegenwärtigen Unternehmensalltag klarkommen müssen. Die Entwicklung von Resilienz können wir nicht verallgemeinernd und allein unter dem Aspekt eines Entweder-oder-Prinzips diskutieren. Im Sinne des Sowohl-als-auch-Prinzips sind wir heute gefordert, uns mit den Gegebenheiten der VUCA-World und der SSEE-World gleichermaßen auseinandersetzen. Für Mitarbeiter, die in der VUCA-World aufgewachsen sind, eher ein Selbstverständnis. Für jene, die aus traditionellen SSEE-World-Strukturen kommen, ein noch sehr ungewohnter Balanceakt.

SSEE-World	VUCA-World
• Die SSEE-World ist stabil, sicher, einfach, eindeutig.	• Die VUCA-World ist sprunghaft, flüchtig, komplex und mehrdeutig.
• Sie ist berechenbar, kontinuierlich, hat Substanz.	• Sie ist im ständigen und schnellen Wandel begriffen.
• Sie ist greifbar, konkret, verständlich und immer nachvollziehbar.	• Sie ist doppel- und mehrdeutig, lässt viele Möglichkeiten und Interpretationen zu.
• Die Welt ist berechenbar, vorhersehbar, kalkulierbar, gewiss und zuverlässig.	• Die VUCA-Welt ist kreativ, voller Ideen, innovativ und sucht nach Erneuerungen.
• Die SSEE-Welt ist einfach, transparent, einseitig, linear, kausal und logisch zusammengesetzt.	• Sie ist systemisch, ganzheitlich, oft undurchsichtig, unlogisch, emotional und voller Leidenschaft.
• Die SSEE-World hat ein Gestern, Heute und Morgen. In der SSEE-World finden die Dinge geordnet, eins nach dem anderen, logisch und folgerichtig statt.	• In der VUCA-Welt zählt das Hier und Jetzt. Alles bedingt sich gegenseitig – ist durch wechselseitige Einflussdynamiken gekennzeichnet.
• Die Welt funktioniert nach einfachen Kausalketten. Dinge sind entweder richtig oder falsch.	• Was zählt, ist der Kontext. Dinge sind, je nach Sicht, richtig und falsch.

Nachfolgend haben wir Ihnen typische Spannungsfelder zusammengestellt, die sich heute für die Arbeits- und Selbstorganisation zwischen VUCA- und SSEE-World ergeben. Sehen Sie selbst: Von welchen Leitideen fühlen Sie sich persönlich mehr angezogen? Welche Leitgedanken werden in Ihrem Unternehmen oder der Unternehmensleitung propagiert? Welche Leitsätze beherrschen tatsächlich Ihren Arbeitsalltag?

Balanceakt 1: Berechenbarkeit versus Unberechenbarkeit

SSEE-World	VUCA-World
Vorausschauend planen, strategisch agieren und Makroplanung betreiben.	Agieren im Hier und Jetzt, ad hoc reagieren und Mikroplanung vornehmen.
Schritt für Schritt und genau nach Plan vorgehen.	Offen sein für die Erfordernisse im Moment und vom Plan abweichen.
Immer gut und auf alles genau vorbereitet sein.	Spontan agieren und reagieren, das Improvisationstalent nutzen.
Genau wissen, was als nächstes geschieht, möglichst Best-Practice-Lösungen sowie erprobte Methoden und Strategien anwenden.	Immer wieder alte Handlungsmuster und Routinen durchbrechen, neue Strategien und Lösungen entwickeln, Echtzeitlernen.
Das Geschehen möglichst beeinflussen und kontrollieren.	Sich von Ereignissen überraschen und inspirieren lassen.
Klare Prinzipien der Führung sowie aktives Steuern und Beeinflussen.	Laufenlassen, auf Prinzipien der Selbstorganisation vertrauen.

Balanceakt 2: Sicherheit versus Unsicherheit

SSEE-World	VUCA-World
Es gibt vorgegebene Abläufe und Strukturen. Wir wissen, was als nächstes geschieht oder geschehen soll oder muss.	Wir müssen Abläufe und Strukturen selbst immer wieder kurzfristig ändern und neu entwickeln.
Wir wissen, was wir tun sollen, müssen und dürfen. Es gibt Funktionen und jemanden, der sagt, wo es lang geht, was Sache ist.	Wir müssen selbst entscheiden und herausfinden, was wir wollen, was gut für das System, das Projekt oder für uns selbst ist.
Es gibt klare Regeln, Routinen und Zuständigkeiten. Wir können uns auf Menschen und Systeme einstellen und verlassen.	Regeln, Zuständigkeiten und Routinen wechseln von Kontext zu Kontext, von Moment zu Moment. Wir müssen uns ständig neu orientieren.
Es gibt ausreichend Erfahrung und Know-how. Wir vertrauen auf den Fortschritt. Wir oder andere beherrschen die Technologien, mit denen wir uns umgeben.	Wir wissen, dass wir nichts zu 100% wissen oder vorhersagen können. Wir brauchen eine hohe Wachsamkeit für Fehler, das Aufdecken von Unregelmäßigkeiten und direkte Feedback-Systeme.
Es gibt ausreichend Zeit, Raum und Ressourcen. Wir legen Vorräte an. Die Verhältnisse sind stabil, vertrauenswürdig und auf lange Sicht ausgelegt.	Wir müssen mit dem arbeiten, was vorhanden ist. Zeit, Geld, Ressourcen sind knapp. Kurzfristige und schnelle Entscheidungen sind gefragt. Wir wissen nicht, was morgen ist.

Balanceakt 3: Einfachheit versus Komplexität

SSEE-World	VUCA-World
Prinzip der Beschränkung: Ich kann nur zwischen wenigen Angeboten, Dingen, Alternativen und Meinungen auswählen.	Prinzip der Vielfalt: Es stehen mir alle möglichen Alternativen und Optionen zur Auswahl. Ich befrage viele zu ihren Meinungen und Ansichten.
Weggabelung: Ich kann nur zwischen wenigen Richtungen und Optionen auswählen und diese nutzen.	Viele Optionen: Ich stehe vor vielen Optionen und kann gleichzeitig verschiedene nutzen.
Direkte Verbindungen: Es gibt in der Betrachtung von Objekten, Personen und Ereignissen nur wenige relevante Zusammenhänge.	Vernetzungen: Es gibt zahlreiche Zusammenhänge, Wechselwirkungen und Rückbezüge, die sich gegenseitig beeinflussen und die es zu berücksichtigen gilt.
Einfache Kausalität: Es gibt einfache Zusammenhänge und Beurteilungskriterien, eindeutige Gründe, eindeutige Ursachen.	Wechselwirkungen: Für die Bewertung von Ereignissen gibt es zahlreiche relevante Ursachen und Wirkungszusammenhänge.
Zeit: Längere Zeitfenster, Vorgänge werden nacheinander bearbeitet, Ziele in Etappen erreicht. Intensität und Qualität vor Quantität.	Multitasking: Enges Zeitbudget, mehrere Ziele werden gleichzeitig verfolgt, Arbeitsvorgänge werden parallel erledigt. Quantität vor Intensität und Qualität.

Balanceakt 4: Eindeutigkeit versus Mehrdeutigkeit

SSEE-World	VUCA-World
Prinzip der Aufgaben- und Ergebnisorientierung: Es gibt klare Aufgabenstellungen und festgelegte Ergebnisvorgaben.	Prinzip der Prozessorientierung: Es gibt eher offene Aufgabenstellungen und offene Ergebnisse.
Ein Ziel – ein Weg oder Vorgehen: Abweichungen sind unerwünscht.	Adaption und Suchbewegungen: Der Weg ist das Ziel. Umwege, Seitenstraßen und Unbekanntes sind ebenso von Interesse.
Ein Problem – eine Lösung: Arbeit mit vorgegebenen Standard- und Best-Practice-Lösungen. Eine Lösung ist für möglichst viele Fallvarianten die richtige.	Vielfalt – alles passt und ist für etwas gut: Problemlösungen sind offen, vielfältig und gleichwertig. Es geht darum, die passende oder angemessene Lösung für den jeweiligen Kontext zu entwickeln.
Alles ist möglichst richtig oder falsch: Klare Orientierung durch Vorgaben, Beurteilungs- und Bewertungsmaßstäbe.	Alles Mögliche ist denkbar und machbar: Realität ist subjektiv, perspektivisch und ergibt sich aus der augenblicklichen Betrachtung.
Wissen ist Macht: Es geht um schnelle, eindeutige, klare und endgültige Antworten. Das Festlegen und Erkennen von wahr oder falsch.	Wir wissen, dass wir nichts wissen: Wer fragt, der führt. Hohes Forschungsinteresse, Neugier. Wahrheiten, Vorgehensweisen und Routinen werden infrage gestellt.

Wie es zur Schwächung der Resilienz kommt

Wie erleben Führungskräfte und Mitarbeiter den Balanceakt zwischen SSEE- und VUCA-World in der Praxis? Wir möchten Ihnen an vier typischen Spannungsfeldern aufzeigen, wie es zu einer steten Abnahme von Resilienz und einer erhöhten Krisenanfälligkeit im Unternehmen kommen kann.

Beispiel 1: Geschwindigkeit und Multitasking versus Qualität und Tiefe

Führungskräfte und Mitarbeiter sollen in der komplexen und stark informationstechnologisch geprägten VUCA-World immer mehr Aufgaben gleichzeitig erfüllen. Zudem sollen sie die Aufgaben jederzeit annehmen und am besten sofort bearbeiten können. Jeder kennt das Lösungswort des letzten Jahrzehnts: Multitasking. Und jeder weiß inzwischen, dass Multitasking eine Illusion ist.

Sollen wir im gleichen Zeitrahmen mehr tun und, wie aus der SSEE-World gewohnt, eine mehr als hundertprozentige Leistung abrufen, ist das faktisch nicht möglich. Es kommt bei der Zunahme an Komplexität unter gleichzeitiger Reduktion von Zeitbudgets entweder zu Abstrichen in der Quantität der Arbeit, die Mitarbeiter bewältigen können, oder zu Leistungsabstrichen bei der Qualität. Alles andere ist eine Milchmädchenrechnung.

Werden die Aufgabenstellungen für Mitarbeiter über einen zu langen Zeitraum zu komplex, entstehen chronische Überforderung und Stresserleben. Das Gefühl von Selbstwirksamkeit, Kontrolle und die Widerstandskraft lassen allmählich nach. Kommen dann noch unerwartete Probleme oder persönliche Krisen hinzu, gibt es keine zusätzlichen Kapazitäten, mit denen diese abgefangen werden können.

Beispiel 2: Offene versus geschlossene Aufgabenstellungen

In der VUCA-World werden Aufträge eher offen und damit unklar formuliert, zumindest aus Sicht jener Mitarbeiter, welche die klaren Ansagen der SSEE-World gewohnt sind. Anstatt: „Machen Sie es bitte so und so!“, heißt es: „Sie machen das schon.“ Anstatt: „Ich sage, wo´s lang geht!“, heißt es: „Dann lassen Sie sich eben etwas einfallen.“ Anstatt: „Wir brauchen eine Lösung für den Engpass!“, heißt es: „Irgendwie wird es schon gehen!“

In der VUCA-World ist die Kreativität der Mitarbeiter gefragt. Mitarbeiter entscheiden, was sie tun, wie sie es tun und wann sie es tun. Teams sind gehalten, sich stärker selbst zu organisieren. Für Teams, die in einer ausgewiesenen VUCA-Welt arbeiten, kein Problem. Wohl aber für Teams, die in einer traditionellen SSEE-World arbeiten. Denn ihnen fehlt es meist an den notwendigen Strukturen, Kompetenzen und Befugnissen, ihre Arbeit frei gestalten zu können. Die Situation wird für die Mitarbeiter zunehmend unklar und mehrdeutig.

Wir kennen diese Situation aus vielen Berichten unserer Seminarteilnehmer und Coaching-Klienten. Mitarbeiter folgen den Anweisungen ihrer Vorgesetzten und machen die Dinge so, wie diese es für richtig halten. Anschließend bekommen sie das Feedback: „Das habe ich mir aber anders vorgestellt. So können Sie das doch nicht machen. Das haben wir hier noch nie so gemacht. Sie müssen sich schon an die Vorschriften halten!“ Hatte der Mitarbeiter gerade noch das Gefühl, sich frei entfalten und selbstbestimmt arbeiten zu können, wird ihm im nächsten Moment klar: Ich soll zwar selbst entscheiden, darf es aber nicht.

Durch die Ambiguität (Mehrdeutigkeit) der Situation wird der Mitarbeiter emotional zwischen verschiedenen Entscheidungsmöglichkeiten hin- und hergerissen. Ambivalenz und Stresserleben werden verstärkt. Häufen sich solche Erfahrungen, zerrt dies an der Resilienz des Mitarbeiters. Denn er selbst hat nicht die Macht, etwas an den strukturellen Widersprüchen, unter denen er arbeiten muss, zu verändern. Er beginnt, sich mehr und mehr als ohnmächtig oder sogar als Opfer der Umstände zu erleben.

Die Praxis hat uns oft genug gezeigt, dass durch Umstrukturierungen zwar die Komplexität von Arbeitsaufgaben erhöht und damit VUCA-Verhältnisse geschaffen werden, den Mitarbeitern zugleich aber die erforderlichen Befugnisse zur freien Gestaltung ihrer Arbeitszeiten und Arbeitsorganisation genommen werden. Eine von Natur aus schon schwer zu gestaltende Arbeitsaufgabe wird damit zu einer kaum noch lösbaren Aufgabe.

Beispiel 3:
Realität versus Perfektionsansprüche und Erwartungen

Entweder-oder-Haltungen wie „Geht nicht, gibt's nicht!", „Es ging früher, also muss es auch heute gehen!" und „Ganz oder gar nicht!", beherrschen nach wie vor den Arbeitsalltag. Diese werden stoisch aufrechterhalten, obwohl der Arbeitsalltag zunehmend VUCA-Qualitäten aufweist. Wir haben in unseren Seminaren typische Entweder-oder-Mantras gesammelt. Hier eine kleine Auswahl:

- Entweder mache ich eine Sache hundertprozentig richtig oder ich mache sie gar nicht. Alles andere macht keinen Sinn.
- Wenn ich meine To-do-Liste sowieso nicht mehr abarbeiten kann, brauche ich erst gar keine aufzustellen.
- Ich mache alles oder gar nichts. Halbe Sachen kommen bei mir nicht auf den Tisch.

- Die Sachen werden bei uns hundertprozentig perfekt erledigt – Fehler gibt es bei uns nicht. So etwas können wir uns nicht leisten.
- Entweder ich kann meine Sachen in Ruhe abarbeiten oder ich fange erst gar nicht damit an.
- Entweder wir bekommen bald einen neuen Kollegen oder hier geht gar nichts mehr.
- Entweder der Chef bemerkt bald, wie viel Arbeit ich auf meinem Schreibtisch habe, oder ich kündige.
- Entweder die da oben ändern etwas oder hier bricht alles zusammen.

Gute alte SSEE-World-Leitsprüche wie „Geht nicht, gibt's nicht!" und „Alles ist möglich!" finden in der komplexen, unberechenbaren, spontanen und komplexen VUCA-World schnell ihre natürlichen Grenzen. Die VUCA-World funktioniert nach etwas abgewandelten Gesetzmäßigkeiten. In ihr heißt es: „Geht nicht, ist eine von vielen Optionen" und „Nichts ist unmöglich – doch es kommt auf die Umstände an".

Die VUCA-World funktioniert nicht, sie experimentiert. Dabei verlangen hohe Komplexität und Vielseitigkeit in den Aufgabenstellungen nach hoher Dynamik und Flexibilität in der Arbeitsorganisation. Passen sich weder Organisation noch Führung den neuen Erfordernissen an, sinkt die Resilienz des gesamten Systems. In der VUCA-World ist nur dann alles möglich, wenn zugleich die Option besteht, Rahmenbedingungen immer wieder neu anzupassen und den Erfordernissen angemessen zu gestalten. Mitarbeiter, die unter rigiden SSEE-World Strukturen arbeiten, besitzen jedoch nur wenig eigene Gestaltungsfreiheit. Ganz im Gegenteil! Hinzu kommt, dass SSEE-World-Mitarbeiter auch selbst ihren gewohnt hohen Leistungsansprüchen gerecht werden möchten. Innere Antreiber, wie z.B. „Sei perfekt! Streng dich an! Mache es allen recht!" sind bei ihnen sehr ausgeprägt. Scheitern ist hierbei vorprogrammiert.

Resilient bleiben unter VUCA-Arbeitsbedingungen daher nur solche Unternehmen, die bereit sind, ihre festen, hierarchischen Strukturen zu lockern, Arbeitsmaximen anzupassen und Mitarbeitern mehr Flexibilität und Selbstbestimmung zu ermöglichen. Eine agilere Arbeitswelt benötigt agilere Mitarbeiter.

Beispiel 4:
Change und Mitarbeiterbeteiligung versus Alibi-Maßnahmen

Wie wir oben gesehen haben, sollen Führungskräfte und Mitarbeiter die neue VUCA-World beherrschen lernen, indem sie Schwachstellen und Fehler aufspüren, ihr komplexes Fachwissen einsetzen und gemeinsam mit ihrem interdisziplinären Team nach Lösungen suchen.

Diversität und Vielseitigkeit sind der Schlüssel für das Aufspüren neuer Lösungsansätze. Gesagt, getan. Viele Mitarbeiter begrüßen diesen neuen Trend. Sie denken mit, beteiligen sich, bringen ihr Wissen, ihren Sachverstand und gerne ihre Ideen ein. Soweit – so gut. Doch wo ist das passende VUCA-System, welches sich für die innovativen, neuen Lösungsansätze interessiert?

Unserer Erfahrung nach gibt es auf der mittleren Führungsebene und auf Seiten der Mitarbeiter eine große Bereitschaft, sich mit neuen Verhältnissen anzufreunden sowie den Wunsch, sich den gestiegenen Anforderungen flexibel anzupassen. Restrukturierungen und Erneuerungsprozesse machen schließlich auch Spaß und wecken kreative Geister. Projekte, in denen Mitarbeiter aufgefordert werden, Change-Prozesse aktiv mitzugestalten, fallen daher zunächst auf fruchtbaren Boden.

Doch was geschieht, nachdem sich Führungskräfte und Mitarbeiter Gedanken gemacht und Vorschläge eingereicht haben? Häufig nichts. Sie versanden auf dem Weg zur Geschäftsführungsebene. Denn von dort werden in gewohnter SSEE-World-Tradition externe Beraterleistungen eingekauft, bewährte Routinen und Best-Practice-Lösungen von oben angeordnet. Dies gilt für die Einführung neuer Software-Lösungen wie einem Customer-Relation-Management-System ebenso wie für den Umzug von 600 Mitarbeitern in ein neues Bürogebäude.

Mit etwas Glück werden Mitarbeiter an Veränderungsprozessen zu Beginn beteiligt und zu ihrer Meinung befragt. Doch dann fließen die Ideen und Rückmeldungen der Mitarbeiter ins Leere. „Wieso fragen sie uns erst, wie sie das neue Bürogebäude gestalten sollen, wenn sie unsere Ideen dann doch nicht umsetzen?“ Motivation und Begeisterung gehen über in Frustration, Enttäuschung und Ohnmachtsgefühle. Die Resilienz sinkt. Maßnahmen zur Mitarbeiterbeteiligung bleiben Alibiprojekte. Feedback, Rückkopplung und Integration von Wissen stehen zwar in der neuen Managementliteratur hoch im Kurs, sind aber in der Praxis immer noch nicht vorgesehen.

Und was geschieht, wenn Führungskräfte und Mitarbeiter im Spannungsfeld zwischen VUCA- und SSEE-World arbeiten müssen, ohne sich dessen bewusst zu sein? Sie fühlen sich den vielen widersprüchlichen Botschaften ausgesetzt und können in der Arbeitsrealität den hohen Ansprüchen und Erwartungshaltungen nicht mehr genügen. Sie geraten unter Stress, verlieren hierdurch an Flexibilität und Elastizität und fühlen sich am Ende zerrissen. Die Folge ist eine tiefe innere und äußere Verunsicherung, verbunden mit dem Verlust an Widerstandskraft und damit Resilienz. Führungskräfte, Mitarbeiter und Teams werden krisenanfällig.

Erfahren Mitarbeiter mittel- und langfristig keine Selbstwirksamkeit, lehnen sie die Übernahme weiterer Verantwortung ab. „Das System ist schuld!". Was sind die Folgen? Mitarbeiter, die ihre Resilienz verlieren, gehen dazu über, die Arbeitssituation nur noch zu erdulden, auszuhalten oder bis zur Rente durchzustehen. Sie reagieren mit zu hoher Flexibilität und Überanpassung. Dabei verlieren sie an innerer Spannkraft und verbiegen sich für das Unternehmen. Sie verlieren nach und nach die Fähigkeit, sich innerlich aufzurichten, verlieren an Selbstbewusstsein und Selbstsicherheit. Oder sie werden rigide, steif, immer unbeweglicher und zerbrechen schließlich an ihrem inneren Konflikt.

Wer resilient ist, bewegt sich weiter

Die resilienten und durchsetzungsstarken Mitarbeiter aber werden rechtzeitig gehen. Sie bleiben beweglich, anpassungsfähig und verbiegen sich für das Unternehmen nur bis zu einem gewissen Grad. Wenn es für sie zu unangenehm oder gar gesundheitsschädlich wird, werden sie gehen und eine passendere Arbeitsumgebung suchen. Und wer kann einem eine solche gesunde Einstellung schon verübeln? Resilienz bedeutet, nicht nur sich selbst an äußere Umstände anzupassen, sondern bei Bedarf auch die Umgebung an sich selbst anzupassen. Resiliente Mitarbeiter besitzen Gestaltungskraft.

Als Resilienzberater müssen wir daher offen mit unseren Kunden sprechen und die Frage stellen: „Was wird passieren, wenn die Widerstandskraft Ihrer Mitarbeiter steigt, diese sich ihrer Kompetenzen und Stärken bewusst werden, Sie Ihre Unternehmens- und Führungskultur aber nicht entsprechend anpassen?" Die bittere Antwort für viele Unternehmen: starke und resiliente Mitarbeiter verlassen über kurz oder lang das Unternehmen.

In dem Moment, wo Mitarbeiter nicht mehr das System verantwortlich machen, sondern Selbstverantwortung übernehmen, stellt sich oft nicht mehr die Frage, ob sie die Arbeitsorganisation an ihrem Arbeitsplatz verbessern können, sondern die neue Frage: „Wann und wo finde ich einen neuen Arbeitsplatz, bei dem ich meine Ideen, Fähigkeiten und Erfahrungen sinnvoll einbringen kann?" Spätestens in diesem Moment muss sich der Arbeitgeber fragen, ob das eigene System noch zeitgemäß ist und wie der Mitarbeiter gehalten oder zurückgewonnen werden kann. In Zeiten des demographischen Wandels und Fachkräftemangels eine immer lohnenswertere Frage.

Fragen an den neuen Führungsalltag

Wenn Sie als Führungskraft tatkräftig bleiben möchten, geht dies nur, wenn Sie lernen, sich in dem natürlichen Spannungsfeld beider Idealwelten frei und geradezu spielerisch zu bewegen. Die Aufgabe besteht darin, für sich und Ihre Mitarbeiter immer wieder eine klare Position zu finden, in der sie die erforderliche Balance zwischen beiden Welten herstellen können. In der Resilienz-Beratung und im -Coaching stehen daher die folgenden Fragen im Mittelpunkt:

- Mit welcher Haltung können Sie in Ihrem Unternehmen die anstehenden Veränderungen auf den Weg bringen und zugleich genügend Stabilität in den Strukturen schaffen, so dass Sie die Veränderungen mit Ihrem Team gut managen können?
- Mit welcher Einstellung können Sie als Führungskraft Ihren Mitarbeitern mehr Spielraum für spontane Entscheidungen geben und zugleich für ein sinnvolles Rückkopplungssystem sorgen, welches Ihnen ein ausreichendes Gefühl von Kontrolle gibt?

- Mit welchem Vorgehen können Sie in Ihrem Team Arbeitsabläufe flexibler und selbstbestimmter gestalten und zugleich ausreichend Feedbackschleifen einführen, die Ihnen mehr Sicherheit geben?
- Mit welchen Tools können Sie täglich den nötigen Ausgleich in dem Spannungsfeld zwischen der VUCA- und der SSEE-World schaffen, sodass Sie Krisen im Vorfeld vermeiden oder akute Krisen leichter abfedern können?

Antworten auf diese Frage lassen sich nicht pauschal, sondern nur individuell, über eine genaue Analyse und Standortbestimmung beantworten. Es gibt heute nicht mehr den einen richtigen oder falschen Führungsstil. Maßgeblich für den Erfolg einer Führungskraft sind vorhandene Talente, persönliche Vorlieben, das Spektrum an Erfahrungen, der Arbeitskontext, die vorhandenen Strukturen und vor allem die persönliche Entwicklungs- und Lernbereitschaft. Dennoch gibt es strukturgebende Leitideen für eine resiliente Führung, die wir Ihnen mit diesem Buch an die Hand geben möchten.

Unternehmensleitbilder geben Orientierung

Wo stehen Sie selbst? In welcher Unternehmenskultur arbeiten Sie derzeit? Inwieweit sich ein Unternehmen den Prinzipien der turbulenten VUCA-World und inwieweit es sich der traditionellen SSEE-World verpflichtet fühlt, erkennen Sie beispielsweise an den aktuellen Unternehmensvisionen und -leitlinien. Sie dienen Führungskräften und Mitarbeitern als Orientierung dafür, zu welchem Verhalten und zu welchen neuen Einstellungen etwa Veränderungsprozesse und Restrukturierungen eines Unternehmens führen sollen.

„Jede strategische Ausrichtung oder Neupositionierung eines Unternehmens bedarf schriftlich festgelegter Überlegungen des Managements bzw. der Inhaber, was das Unternehmen mittelfristig sein soll und welchen Sinn und Zweck es erfüllen soll. Eine solche schriftlich vereinbarte Vorstellung ist das Leitbild im umfassendsten Sinn. Vereinzelte Planungen und Aufgabenerledigungen sollen inhaltlich mit den Unternehmensgrundsätzen im Einklang stehen. (...) Nur wenn die Führungskräfte das Leitbild im Berufsalltag konsequent vorleben, wird es auch von den Mitarbeitern mit Leben erfüllt, zu einer starken Unternehmenskultur und nicht zu einem *„Leidbild“*. (Watzinger, 2005)

Unternehmensleitbilder spiegeln in der Praxis häufig ein Bestreben und damit eher eine Soll- als eine Ist-Situation wider. Visionen und Leitlinien entstehen meist auf strategischer Management-Ebene oder werden durch externe Marketingagenturen oder Unternehmensberatungen formuliert. Die Inhalte der Leitlinien folgen häufig den aktuellen Wirtschaftstrends und haben oft wenig mit der Realität zu tun. Als Führungskraft kommt Ihnen die dankbare Aufgabe zu, die für Mitarbeiter meist abstrakten Visionen und Leitsätze an ihrem Standort mit Leben zu füllen. Schauen wir uns zunächst zwei Beispiele an, bei denen sich die Charakteristika von VUCA- und SSEE-World sehr gut erkennen lassen.

Beispiel 1 „Google“: „Seriös sein, ohne einen Anzug zu tragen.“ So lautet einer der zehn Grundsätze, den das Unternehmen Google auf seiner Website veröffentlicht hat. Ein klassisches Beispiel für ein Leitbild aus der neuen VUCA-World. Lesen Sie selbst:

„Seriös sein, ohne einen Anzug zu tragen. Google wurde mit dem Grundsatz gegründet, dass Arbeit eine Herausforderung sein soll, die Spaß macht. Wir sind davon überzeugt, dass die richtige Unternehmenskultur die beste Basis für innovative und kreative Ideen ist – und damit sind nicht nur Lavalampen oder Gummibälle gemeint. Teamerfolg, ebenso wie hervorragende Einzelleistungen, sind die Schwerpunkte, die den Gesamterfolg von Google ausmachen.

Unsere Mitarbeiter sind das Wichtigste: motivierte, leidenschaftliche Menschen mit unterschiedlichen Lebensläufen und einer kreativen Sicht auf die Arbeit und das Leben. In unserer ungezwungenen Atmosphäre können Ideen auch in der Warteschlange beim Mittagessen oder im Fitnesscenter entstehen. Diese Ideen werden ausgetauscht, getestet und in unglaublichem Tempo in die Praxis umgesetzt. Und vielleicht sind sie sogar der Beginn eines weltweit erfolgreichen Projekts." (Google, 2014)

Beispiel 2 „Siemens Management Consulting": Auch die 1996 gegründete Strategieberatung Siemens Management Consulting gibt sich mit dem Slogan „Team Spirit & Responsibility" auf ihrer Website als moderner Global Player. Der Nachwuchs soll sich durch einen Wertekanon angezogen fühlen, bei dem die neuen Leitideen der VUCA-World zwar durchklingen, aber keinesfalls dominieren.

„Team Spirit & Responsibility. Wir sind überzeugt: Nobody is perfect, but a team can be. Das bedeutet, in der SMC-Mannschaft profitiert jeder von den Stärken des anderen, um gemeinsam das bestmögliche Ergebnis zu erzielen. Wir unterstützen uns, stehen füreinander ein und nutzen Ressourcen verantwortungsvoll – was auch die Arbeitszeit unserer Kollegen beinhaltet. Darüber hinaus nehmen wir unsere soziale Verantwortung in der Gesellschaft wahr. Unser Engagement beim Active Help Kinderfonds spielt hierfür eine wesentliche Rolle." (Siemens, 2014)

Gehen Sie einmal online und vergleichen Sie die beiden Internetauftritte. Sehen Sie, wie beide Unternehmen auf ihre Art und Weise eine jeweils authentische Mischung aus VUCA- und SSEE-World abbilden? Google zeigt ebenso seine SSEE-World Seiten, wie Siemens Management Consulting sich ein wenig VUCA und modern gibt. So kann man sich leicht vorstellen, dass High-Potentials, die sich bei Google um einen Job bewerben, von Natur aus anders gestrickt sind, als jene, die bei Siemens ihr Karriereglück suchen.

Unternehmen stehen heute vor großen Herausforderungen: Zu verstehen, in welcher Welt ihre ursprüngliche Unternehmenskultur angesiedelt ist, zu erkennen, wo die Reise inzwischen hingegangen ist und zu erahnen, in welche Richtung sich die Kultur in Zukunft wieder ausbalancieren wird. Nur wenn Sie sich diese drei Fragen beantworten können, können Sie Mitarbeiter finden, die wirklich zum Unternehmen passen und die erforderliche Mischung aus beiden Welten mitbringen.

Eine gute Gelegenheit herauszufinden, wo Ihr Unternehmen aktuell steht, bietet sich immer dann, wenn Sie, gemeinsam mit Ihren Mitarbeitern, Ihre Unternehmensleitbilder in der Praxis überprüfen. Stimmen die Leitbilder mit der Praxis überein? Können die Mitarbeiter die Leitsätze leben? Welche Leitsätze würden die Mitarbeiter formulieren? Haben Sie den Mut, Ihre Leitbilder hin und wieder an die Realität anzupassen!

Praxisbeispiel: Die Vision des Mutterkonzerns

Ich bekam als Geschäftsführer eines Tages eine E-Mail vom Mutterkonzern, in der mir die neue Unternehmensvision und die dazugehörigen Leitbilder übermittelt wurden, die ich nun für den deutschen Standort umsetzen sollte. Ich selbst war neu in dem Unternehmen und nicht an der Entwicklung der Vision oder der Leitsätze beteiligt. Sie waren zum Teil sehr abstrakt und allgemein gehalten.

Wie ließen sich die abstrakten Ideen also auf unseren Arbeitsalltag runterbrechen und wie sollte ich vorgehen? Ich entschied mich für einen Visionstag mit dem gesamten Team. Dieser ließ sich an eine anstehende Konferenz anschließen und dauerte ca. sechs Stunden.

Den Tag bereitete ich gemeinsam mit einem externen Moderator vor. Wir besprachen zunächst die sieben Leitvisionen und die dazugehörigen Leitsätze. Wie waren meine persönlichen Eindrücke? Welche Leitsätze wurden gelebt, welche nicht?

Wir entschieden uns für einen Open-Space-Prozess, bei dem die Leitbilder zunächst kritisch diskutiert, visualisiert und anschließend mit Best-Practice-Lösungen angereichert werden konnten. Zu Beginn des Workshops hielt ich einen Impulsvortrag über Sinn und Nutzen von Visionen und Leitbildern. Ich zeigte den Mitarbeitern eine Reihe von erfolgreichen und zugleich sehr verschiedenen Marken, deren Slogans sowie Auszüge aus deren Leitsätzen.

Anschließend habe ich unsere sieben Visionen und die dazugehörigen Leitsätze vorgestellt. Teil dieser Visionen sollte sein, uns auch das Wertekonstrukt der Firma anzuschauen. Hier ging es den Mitarbeitern vor allem um die Diskussion grundlegender Werte, wie Respekt, Integrität, Networking, aber auch um Freiräume für Kreativität und Delegationsstrukturen.

Diese Werte schauten wir uns kritisch an und verknüpften sie mit dem alltäglichen Leben der Mitarbeiter. Wichtig an dieser Stelle war, meine Offenheit für Diskussionen zu zeigen. Naturgemäß löste das Gespräch über einige Leitbilder heftige Emotionen, wie Frust und Ärger aus. Es wurden Missstände angesprochen und Forderungen gestellt. Diese habe ich gesammelt und zu jedem Aspekt Stellung genommen.

Als neuer Geschäftsführer konnte ich auf diese Weise einen guten Einblick in die allgemeine Stimmungslage der Mitarbeiter bekommen. Das Team hatte gerade viele personelle, aber auch strukturelle Veränderungen hinter und noch einige vor sich. Ich bekam also einen guten Überblick darüber, wo es Handlungs- und Gesprächsbedarf gab. Für die Mitarbeiter selbst war dieses Vorgehen auch neu. Bisher waren sie es eher gewohnt, dass man ihnen Forderungen vor die Nase setzte, als dass man mit ihnen auch über kritische Aspekte offen diskutierte. Erst nachdem sich die Mitarbeiter an diesem Punkt ernst genommen fühlten, konnten wir dazu übergehen, an einer neuen Vision für alle zu arbeiten.

Wir bildeten schließlich sieben kleinere Arbeitskreise und achteten darauf, dass die Mitarbeiter sich funktionsübergreifend trafen. Alles in allem verbrachten wir einen sehr anregenden und produktiven Tag miteinander. Am Ende hatten die Teams die sieben Visionen für sich neu interpretiert und auf ihren Praxisalltag übertragen. Es gab viele lebendige Diskussionen und wir sammelten eine Menge Ideen – übrigens auch für die Lösungen einiger aktueller Probleme, die nicht offiziell auf der Agenda standen.

Die Mitarbeiter erkannten, dass Visionen Sinn machen, wenn man sie in konkrete Ziele und Handlungsideen übersetzt. Spannend war vor allem, sich die Entwicklung der Firma bis zum Jahr 2020 vorzustellen, um dann Jahr für Jahr rückwärts zu gehen und sich zu überlegen, was sich bis dahin realisiert haben muss.

Als konservatives SSEE-World-Unternehmen konnten wir die gegenwärtigen Herausforderungen, die sich durch die Einflüsse der VUCA-World auch für uns ergaben, klar herausarbeiten.

Meine Mitarbeiter konnten sich durch den Workshop sehr viel stärker mit der Vision des Mutterhauses identifizieren. Sie fühlten sich ernst genommen, weil sie selber Teil dieser Vision wurden und die nächsten Schritte gemeinsam erarbeiten konnten. Für mich ist dieser Visionstag ein schönes Beispiel dafür, wie man sowohl die Ereignisse der Vergangenheit kritisch diskutieren und dabei die aktuellen Spannungsfelder herausarbeiten, als auch gemeinsam in eine neue Zukunft schauen kann.

Wie Sie sich zwischen VUCA- und SSEE-World positionieren

Die Herausforderung für Sie als Führungskraft liegt heute also darin, ein wirksames Integrationsmanagement zwischen VUCA- und SSEE-World zu beherrschen. Diese Aufgabe verlangt von Ihnen eine gute Selbstkenntnis, ein Interesse an den erforderlichen Aushandlungsprozessen, viel Ideenreichtum und eine klare Selbstpositionierung.

Nachfolgend einige Anregungen dazu, wie Sie sich, auch gemeinsam mit Ihrem Team, an das Thema Selbstpositionierung zwischen SSEE- und VUCA-World herantasten können. Auf unserer Website finden Sie hierzu auch einen Fragebogen zum Download (www.echt-starke-fuehrung.de).

Selbstpositionierung in vier Schritten

1. Erkennen Sie für sich, aus welcher Führungstradition Sie kommen, wie Sie geprägt wurden, welche Erfahrungen Sie mit Führung gemacht haben und welchen Einfluss dies auf die Entwicklung Ihres eigenen Führungsstils gehabt hat.

2. Beobachten Sie, in welchem Unternehmensumfeld Sie gegenwärtig arbeiten, mit welcher Mischung an Leitbildern und Unternehmenskulturen Sie es als Führungskraft zu tun haben. Hierbei können die Beschreibungen der VUCA- und der SSEE-World als eine gute Orientierung dienen.

3. Stellen Sie Orientierungsfragen. In welchen Bereichen orientiert sich das Unternehmen derzeit an welchem Prinzip? Welche Tendenzen gibt es für die Zukunft? Ergeben sich aufgrund der Vermischung für das Unternehmen Konflikte und Reibungsverluste oder bereits spannende Bereicherungen und Synergien? Wie erleben dies die Mitarbeiter? Wie sehen die Mitarbeiterstrukturen aus? Und wie sehen ihre Vorlieben aus?

4. Sammeln Sie gemeinsam mit Ihrem Team Ideen dafür, wie sie die aktuellen Spannungen, die durch einseitige Ansichten oder Herangehensweisen entstanden sind, nutzen können.

Wie wir im nächsten Abschnitt sehen werden, liegt ein wichtiger Schlüssel für den Umgang mit den Spannungsfeldern im System darin, das Entweder-oder-Mantra durch die Sowohl-als-auch-Philosophie zu ergänzen.

Vom Entweder-oder- zum Sowohl-als-auch-Prinzip

Haben Sie inzwischen eine Idee bekommen, in welcher Welt Sie sich wohler fühlen, in welcher Sie gerade arbeiten und inwieweit es ausgesprochene oder unausgesprochene Erwartungshaltungen an Sie gibt? Vielleicht stecken auch Sie gerade in einem typischen Spannungsfeld und damit in einem VUCA-SSEE-World-Dilemma?

Dilemmata zwischen VUCA- und SSEE-World

Der Begriff Dilemma kommt vom griechischen δί-λημμα und bedeutet zweigliedrige Annahme. Um ein Dilemma zu beschreiben, benutzen wir auch den Begriff der Zwickmühle. Wir beschreiben damit eine Situation, in der wir aus zwei Möglichkeiten wählen können, die uns beide nachteilig erscheinen. Gleich, für welche Möglichkeit wir uns entscheiden, es kommt zu einem unerwünschten Resultat. Wir geraten in eine paradoxe, ausweglose Situation.

Beispiel: Nach unserer Erfahrung macht es Mitarbeitern nicht so viel aus, im selben Zeitrahmen viel mehr Aufgaben als früher erledigen zu müssen (Einfluss der VUCA-World). Es macht ihnen aber zu schaffen, dass sie dabei mit den gleichen Perfektionsansprüchen und Erwartungshaltungen an die Erledigung ihrer Aufgaben herangehen sollen und auch selber wollen (der gewohnte Anspruch der SSEE-World).

Es sind solche, oft radikal-widersprüchlichen Erwartungen und Paradoxien, die uns das Leben schwer machen. Sie lähmen, demotivieren und setzen uns unter Stress. Nicht nur unser Arbeits- und Führungsalltag ist von Dilemmata durchdrungen, auch unser Privatleben und unsere Beziehungen leiden darunter.

Egal, was wir tun. Das Scheitern ist vorprogrammiert.

- Entscheide ich mich dafür, mehr Arbeit in der gleichen Zeit zu erledigen, leidet die Qualität. Entscheide ich mich für die Qualität, schaffe ich weniger von der anstehenden Arbeit.
- Gehe ich früher nach Hause, schaffe ich meine Arbeit nicht. Bleibe ich länger bei der Arbeit, komme ich wieder nicht zum Sport.
- Nehme ich noch Arbeit fürs Wochenende mit, beschweren sich Partner und Kinder. Fahre ich am Wochenende mit der Familie an den See, ist mein Chef sauer, weil ich das Meeting beim Kunden nicht vorbereitet habe.
- Bin ich krank und bleibe zwei Tage zu Hause, lasse ich in einer wichtigen Projektphase mein Team hängen. Gehe ich trotz Krankheit zur Arbeit, bleibe ich länger krank und schaffe in der Zeit nur wenig von dem, was zu tun ist.

Ein Dilemma kann uns so lange zu schaffen machen, bis wir orientierungslos und entscheidungsunfähig werden. Im schlimmsten Fall geraten wir in eine ernsthafte Krise – so wie der Esel im Buridanschen Paradox: „Ein Esel steht zwischen zwei gleich großen und gleich weit entfernten Heuhaufen. Er verhungert schließlich, weil er sich nicht entscheiden kann, welchen er zuerst fressen soll."

Die Entscheidungsunfähigkeit des Esels hängt mit einer manchmal fatalen Lösungsstrategie zusammen: Er versucht, sich nach dem Entweder-oder-Prinzip zu entscheiden. Nicht die Sache an sich ist das Problem, sondern die Bewertung der Situation: Entweder sind beide Möglichkeiten gleich gut oder beide Möglichkeiten gleich schlecht. Entweder geht es nur so oder nur so. Entweder werde ich den Ansprüchen voll gerecht oder gar nicht gerecht. Einen Kompromiss gibt es nicht. Das Ambivalenz-Management des Esels ist gleich null. Er verhungert lieber, als dass er beide Heuhaufen isst oder sich einfach für einen entscheidet.

Hinter dem Entweder-oder-Prinzip steckt nicht nur die Erwartungshaltung, dass ein Haufen besser – in diesem Fall leckerer – sein muss als der andere. Es steckt ebenso ein Mangeldenken dahinter: Du kannst nur eins von beidem haben. Du musst Dich entscheiden. Dies ist eine Erfahrung, die wir immer wieder im Leben machen. Sie wird irgendwann zu einem Selbstverständnis, welches wir nicht mehr hinterfragen. Viele Führungskräfte denken häufig, wer einen Kompromiss schließt, der hat verloren. Wir sagen: Wer das Beste von beidem haben kann, der hat wirklich gewonnen.

Wann wir Entweder-oder-Lösungen brauchen

Konsequenter Weise sollen hier Entweder-oder-Lösungen keine generelle Abwertung erfahren. Ganz im Gegenteil. Nach dem Entweder-oder-Prinzip zu denken und Entscheidungen zu treffen, ist für uns in bestimmten Lebenssituationen nicht nur praktisch, sondern überlebenswichtig. Sehen wir uns also zunächst an, wann wir die Entweder-oder-Strategie sinnvoll einsetzen können:

Sinnvoll bei Gefahren und Stress

Das Entweder-oder-Prinzip ist für uns in gefährlichen Situationen überlebenswichtig, da es uns ermöglicht, die Komplexität einer Situation auf das Wesentliche zu reduzieren. Auf unbewusster Ebene entscheiden wir in Sekundenschnelle, ob uns z. B. ein Mensch oder Tier freundlich oder feindlich gesinnt ist. Bewerten wir die Situation als gefährlich, aktiviert unser autonomes Nervensystem unser Not- und Verteidigungsprogramm. Kommt es zu dem Ergebnis, dass die Situation ungefährlich ist, beginnen wir, bewusst und in Ruhe weitere Informationen zu sammeln, um uns ein Bild über die Lage zu machen.

Geraten wir unter Stress, mehren sich ebenfalls generalisierende und pauschalisierende Sichtweisen. Würde der Esel weniger unter Entscheidungsdruck und Stress stehen, könnte er sein Dilemma leichter lösen, indem er sich schlicht für einen Heuhaufen entscheidet und sich munter satt isst, um im Anschluss sogar noch den zweiten Heuhaufen zu verspeisen. Seine Wahrnehmung und die Beurteilung der Entscheidungssituation sind jedoch undifferenziert bzw. nicht differenziert genug. Der Esel ist im Entweder-oder-Dilemma gefangen und damit entscheidungsunfähig.

Stehen wir im Berufsleben chronisch unter Stress und ist unser Nothilfeprogramm quasi im Dauereinsatz, bevorzugen wir automatisch das Entweder-oder-Prinzip und tendieren damit in unserem Denken zu Verallgemeinerungen. Wir nutzen auch in unserer Kommunikation mit anderen häufiger Generalisierungen und Pauschalisierungen: „Immer machen Sie dies!", „Jedes Mal passiert das!", „Immer trifft es mich!". Mehr dazu im zweiten Abschnitt des Buches.

Die Beurteilung von Situationen und die Suche nach Lösungen für unsere Probleme basieren auf bekannten Praktiken und auf vertrauten Denk- und Handlungsmustern. Abweichende Ideen passen nicht in unser Schema und werden nicht so leicht angenommen. Wir können uns nur schwer auf die Sichtweisen anderer einstellen, weil wir nach Mustern suchen, die unsere eigene Denkroutine bestätigen. Unser System verliert bei Stress an Toleranz gegenüber Störungen. Wir verlieren an Resilienz und so kommt es auch auf zwischenmenschlicher Ebene leichter zu Diskussionen, Streit und Konflikten.

Hilfreich bei Routine-Situationen

Das Entweder-oder-Prinzip ist immer dann zeitsparend und nützlich, wenn wir es mit bekannten, sich wiederholenden Umständen und Lebenssituationen zu tun haben und wir auf Basis von gewohnten Routinen und Entscheidungsmustern ein immer ähnliches Verhalten zeigen sollen oder möchten. Dies gibt uns und anderen ein Gefühl von Zuverlässigkeit und Sicherheit. Wir können auf der Grundlage von Routinen und Gewohnheiten schnell entscheiden und rasch handeln. Die meisten Routinen gehen irgendwann ins Unbewusste über, sodass wir nach einer Weile des Übens Autofahren können, ohne lange darüber nachzudenken, was wir gerade tun.

Wertvoll bei langfristigen Entscheidungen

Wertvoll ist das Entweder-oder-Prinzip ebenso, wenn wir uns für Entscheidungen viel Zeit nehmen möchten. Beispiele hierfür sind der Bau eines Hauses, die Eröffnung einer Firma, die Wahl eines Lebenspartners. Diese Dinge wollen gut überlegt sein. Heiraten oder nicht? Sich mit allen Risiken selbstständig machen oder doch lieber Angestellter bleiben?

Dank des Entweder-oder-Prinzips lassen wir uns Zeit, den Dingen auf den Grund zu gehen. Wir sammeln Informationen und können Argumente wesentlich differenzierter und in größerer Detailschärfe wahrnehmen. Unterschiedsbildungen fallen uns leichter und wir können nach immer feineren Beurteilungskriterien Ausschau halten. Wir erkennen, dass wir nur scheinbar vor zwei identischen Alternativen stehen, und können in einer der beiden Möglichkeiten schließlich einen klaren Vorzug bzw. einen klaren Nachteil erkennen.

Dies verdeutlicht das philosophische Gleichnis von al Ghazali, auf das das Buridansche Paradox zurückgeht: „Wenn ein durstiger Mann auf zwei unterschiedliche Gläser Wasser zugreifen kann, die für seine Zwecke in jeder Hinsicht gleich sind, müsste er verdursten, solange eins nicht schöner, leichter oder näher an seiner rechten Hand ist." Geht es um langfristige oder existentielle Entscheidungen, macht es sehr viel Sinn, nach unseren persönlichen Vorlieben zu entscheiden und uns für diesen Entscheidungsprozess viel Zeit zu lassen. Denn es geht um Schönheit und Attraktivität, Leichtigkeit und Aufwand sowie Nähe und Bequemlichkeit.

Unentbehrlich bei hohem Entscheidungsdruck

Aber auch unter hohem Zeitdruck machen Entscheidungen nach dem Entweder-oder-Prinzip eine Menge Sinn. Entscheidungsfreudige Mitarbeiter und entscheidungsstarke Führungskräfte können daher gut mit dem Entweder-oder-Prinzip arbeiten. Auch unter hohem Stress besitzen sie die Fähigkeit, sich im Zweifel für das zu entscheiden, was ihnen aus ganz persönlichen Gründen heraus als die bessere Alternative erscheint. Voraussetzung ist: Sie haben eine eigene Meinung zu den Dingen. Sie können auch zu dieser subjektiven Meinung stehen und sie wissen, dass sie die Entscheidung mit guten Gründen jederzeit revidieren können.

Gelassene Krisenmanager können sich leichter entscheiden, weil sie wissen, dass es für einen Menschen keine absolut objektive Gleichwertigkeit der Dinge gibt. Sie sind sich der Tatsache bewusst, dass Probleme und Krisen mehr oder weniger Stress auslösen und dass es immer eine subjektive Tendenz und Vorliebe gibt – sie selbst repräsentieren das Zünglein an der Waage. Entscheidungen in Krisensituationen erfordern daher eine Menge Mut, Selbstbewusstsein und, wie wir später noch sehen werden, Selbstsicherheit.

Wann wir Sowohl-als-auch-Lösungen brauchen

Brauchen wir das Entweder-oder-Prinzip um Sicherheit und Stabilität durch eindeutige, einfache Entscheidungen herbeizuführen, hilft uns das Sowohl-als-auch-Prinzip, um mit jenen Situationen besser umzugehen, die mehrdeutig, komplex und unberechenbar sind.

Denn hier fehlt uns meist ein klarer Referenzrahmen bzw. Erfahrungswert, der uns eindeutig sagt was richtig oder falsch ist. Um uns dem Sowohl-als-auch-Prinzip zu nähern, beschäftigen wir uns zunächst mit dem Polylemma. Mit einem Polylemma umschreiben wir – in Anlehnung an das Dilemma – eine Situation, in der wir zwischen mehr als zwei Möglichkeiten wählen können, von denen aber keine eindeutig zu bevorzugen ist, weil alle gleich schlecht bzw. gut zu sein scheinen. Auch das Polylemma möchten wir anhand einer Geschichte verdeutlichen.

Die Geschichte von Vater, Sohn und Esel

Von Hodscha Nasreddin ist folgende Geschichte überliefert: Hodscha ging mit seinem Sohn auf einen Viehmarkt, um dort einen Esel zu kaufen. Nachdem sie nach langer Suche einen Esel gekauft hatten, machten sie sich auf den Weg nach Hause.

Zunächst gingen sowohl Hodscha als auch sein Sohn zu Fuß neben dem Esel her, bis sie ein entgegenkommender Wanderer auslachte und fragte: „Ihr habt einen Esel, aber warum reitet keiner auf ihm?“ Nach kurzer Überlegung setzte sich sein Sohn auf den Esel und sie setzen ihren Heimweg fort, bis ihnen der nächste Wanderer entgegen kam und zu dem Sohn sagte: „Junger Mann, du solltest dich schämen. Du hast junge Beine und reitest auf dem Esel, während dein Vater laufen muss!“

So setzte sich nun Hodscha selbst auf den Esel und sein Sohn ging zu Fuß. Schließlich trafen sie einen weiteren Wanderer, der zu Hodscha sagte: „Du solltest dich schämen, du mit deinen starken Beinen reitest auf dem Esel, während der zarte Junge zu Fuß gehen muss!". Also setzen sich Hodscha und sein Sohn auf den Esel und sie setzten ihren Heimweg fort, bis ihnen abermals ein Wanderer entgegen kam, der Vater und Sohn beschimpfte: „Ihr solltet euch schämen! Ihr beide sitzt faul auf dem Esel und das arme Tier muss die ganze Strecke die schwere Last von euer beider Gewicht tragen!"

Daraufhin entschlossen sich Hodscha und sein Sohn, den Esel an eine Stange zu binden und sie trugen den Esel bis nach Hause. Als sie dort ziemlich spät und völlig erschöpft angekommen waren, sagt die Frau zu ihrem Mann: „Ihr seid vielleicht zwei Dummköpfe! Warum lasst ihr den Esel nicht selber zu seinem neuen Stall laufen?" (Hodscha, 1996)

Wenn Sie es niemandem recht machen können

Das Polylemma führt uns vor Augen: Egal, für welche Möglichkeit wir uns entscheiden, keine ist eindeutig zu bevorzugen. Jeder Protagonist hat gute Argumente. Auch das kennen wir aus dem Berufsalltag: Egal was wir tun, es kommt immer einer mit einer besseren Idee. Egal wie engagiert wir die Ideen anderer umsetzen, am Ende haben wir es für die einen genau richtig und für die anderen genau falsch gemacht. Es geht allein um die Erfüllung von Erwartungshaltungen und die subjektive Bewertung einer Situation. Müssen wir beim Dilemma zwei Erwartungshaltungen gerecht werden, sind es beim Polylemma bis zu unendlich viele.

Ist das Dilemma eher der strukturierten SSEE-World zuzuordnen, in der wir genau wissen, was als richtig und was als falsch angesehen wird, sind wir mit dem Polylemma in der vielfältigen und komplexen VUCA-World angekommen. Alles ist möglich. Feste Strukturen und Denkweisen brechen auf. Alles hat seine Vorzüge. Ist die Entscheidung richtig? Es kommt drauf an! Auf den Kontext, die Perspektive, den Standort, die Absichten und Ziele der Beteiligten – und vor allem auf die Bewertung der Situation im Nachhinein.

Die VUCA-World ist nicht nur unberechenbar, unsicher und komplex, sie ist damit vor allem viel-, doppel-, mehrdeutig, unklar (ambiguous). Hinzu kommt: Ist die Auswahl zu groß, können wir uns kaum noch entscheiden. Wir stecken mitten im so genannten Auswahl-Paradox und geraten unter Entscheidungs- und Auswahlstress, was zu drei Standardreaktionen führt:

- **Aktionismus**: Wenn dem Einkäufer das Produkt in der einen Farbe ebenso gut gefällt wie in den vielen anderen Farben, dann ordert er für sein Sortiment eben alle, auch wenn sich später nicht alle Farben an die Kunden gleich gut weiterverkaufen lassen. Er bleibt auf den Restposten sitzen. Kann aber auch ausgefallene Kundenwünsche erfüllen.
- **Flucht:** Der Mitarbeiter weiß nicht, mit welcher Aufgabe auf seiner To-do-Liste er zuerst oder zuletzt anfangen soll – also surft er erst einmal im Internet und lenkt sich ab.
- **Lähmung**: Die Sekretärin soll einen neuen Mobilfunkanbieter auswählen. Seit vier Wochen schon liegen so viele Angebote und Angebotsvarianten auf ihrem Schreibtisch, dass nichts weitergeht. Sie kann die Angebote weder nach sinnvollen Kriterien vergleichen noch im Detail nachvollziehen, worin die Vor- und Nachteile bestehen. Eines Tages entscheidet schlicht der Zufall: Ein guter Freund ruft an und empfiehlt ihr seinen Anbieter. Sie ist erleichtert und er freut sich über eine gute Provision.

Krisen und die VUCA-World produzieren Polylemmata
Besonders in Krisenzeiten und bei Change-Prozessen nimmt die VUCA-Energie zu. Wir stehen vor unbekannten, neuen Optionen und kämpfen mit der einer schleichenden Zunahme an Komplexität. Unsere Entscheidungen, die wir als Führungskraft treffen, sind sowohl richtig als auch falsch. Sowohl gut als auch schlecht.

Vielleicht werden wir selbst über unsere Entscheidungen später froh sein, während andere mit Unverständnis reagieren und von uns enttäuscht sind. Die Erwartungen, die auf uns einströmen sind: Sowohl als auch. Sie können es nicht jedem recht machen.

Praxisbeispiel: Aufbau einer soliden Kundenbeziehung

Seit vielen Jahrzehnten wird das Management dazu gedrängt, die Dinge schnell, effizient und manchmal auch ohne Rücksicht auf Verluste zu ändern. Als Führungskraft muss man bestimmten Dingen Zeit geben. Dies gilt gerade in VUCA-Zeiten. Warum dies wichtig ist, möchte ich Ihnen an einem Beispiel aus dem Vertrieb verdeutlichen.

Aus verschiedenen Gründen ergab es sich, dass wir eine Reihe von Umstrukturierungen vornehmen mussten. Im Außendienst gab es eine sehr hohe Fluktuation und zugleich viele unbesetzte Stellen. Trotz eines für mich sehr zufriedenstellenden jährlichen Wachstums von 23 Prozent wurde der Prozess des Kundenaufbaus vom Senior Management als zu langsam eingestuft. Plötzlich hieß es: Diese Zeit geben wir euch nicht. Zu wenig Wachstum. Das muss schneller gehen. In Anbetracht der Personallage eine unrealistische Forderung. Sie erreichte mich ebenso unvorbereitet und überraschend, wie alles in der VUCA-World. Für mich und mein Team ergab sich eine schwierige Zwickmühle. Wir brauchten mehr neue Mitarbeiter, aber vor allem mehr Zeit, um die Wachstumserwartungen erfüllen zu können.

Erschließt sich ein neuer Außendienstmitarbeiter sein neues Gebiet, braucht er ca. drei Monate, bis er es kennt und einen guten Überblick über seine Kunden hat. Es dauert noch einmal zwei Monate, bis sich auch die Ärzte an das neue Gesicht gewöhnt haben, den Mitarbeiter wiedererkennen und langsam beginnen, ein hoffentlich gutes Verhältnis zu ihm aufzubauen.

Der Pharmamarkt in Deutschland ist immer noch sehr beziehungsbetont. Es gibt viele gleiche Produkte und es dauert seine Zeit, bis sich Zuverlässigkeit, Glaubwürdigkeit und das Wissens des Außendienstlers bewährt und bei Kollegen herumgesprochen haben. Das Ziel ist es, auf Augenhöhe mit dem Arzt zu diskutieren. Und das schafft der Außendienstmitarbeiter in der Regel nicht bereits beim zweiten Termin. Hierzu braucht es, wie gesagt, Zeit, Ausdauer und eine gleichbleibend gute Arbeitsqualität.

In solchen Momenten hat einen die berühmte Sandwichposition wieder einmal in der Klemme: Die Welt ist ungerecht, die Forderungen unverschämt, man fühlt sich persönlich angegriffen. Am liebsten würde man sich beleidigt zurückziehen. Doch das können Sie nicht. Noch weniger können Sie sich bei Ihrem Vorgesetzten oder Ihren Mitarbeitern beklagen.

Tatsache ist, die Zielvorstellungen des Senior-Managements haben häufig nicht viel mit der Realität zu tun. Strategische Entscheidungen werden von Menschen entwickelt, die sich mit den Bedingungen vor Ort nicht besonders gut auskennen. Dass die Vorstellungen des oberen Managements weniger mit realistischen Zielen als mit freudvollen Phantasien zu tun haben, ist eine Realität, gegen die Sie nicht anzukämpfen brauchen, und zugleich eine Tatsache, mit der Sie lernen müssen umzugehen. Sich als Führungskraft darüber aufzuregen ist zwecklos und pure Energieverschwendung.

Sie müssen lernen, einem solchen Druck standzuhalten und sich vor ihre Mitarbeiter zu stellen.

- *Rechnen Sie damit, dass Sie die Dinge nicht immer richtig, perfekt oder ausreichend gut machen können.*
- *Unrealistische Erwartungshaltungen können Sie immer eiskalt erwischen, auch dann, wenn sie gerade Topleistungen abliefern.*
- *Freuen Sie sich mit Ihrem Team über Ihre Erfolge und seien Sie sich nie zu sicher, dass Ihr Erfolg auch andere begeistert. Die Freude gehört erst einmal Ihnen. Lassen Sie sich diese nicht nehmen. Das ist auch für die Motivation des Teams wichtig.*

Stärken Sie Ihre Resilienz, bauen Sie Widerstandskraft auf

Ein Polylemma in VUCA-Zeiten können Sie als Führungskraft nur lösen, indem Sie sich nicht zu sehr verbiegen, Ihre innere Spannkraft bewahren und sich selbst treu bleiben. Versuchen Sie ein Polylemma nicht im Sinne anderer zu lösen. Sie können dabei nur scheitern. Das Polylemma zeigt Ihnen in noch viel deutlicherer Form als das Dilemma, dass Sie nicht darum herumkommen, bei unklaren und mehrdeutigen Situationen, selbstbewusst und mutig eine eigene Entscheidung zu treffen. Diese sollte in erster Linie nur für Sie richtig, günstig, gut und ideal sein.

Und das heißt nicht, dass Sie nun alles auf eigene Faust machen und zu einem Führungs-Egomanen mutieren. Denn Ihnen und dem Unternehmen geht es langfristig nur gut, wenn es auch den anderen mit Ihrer Entscheidung möglichst gut geht. Im Sinne einer resilienten Führung werden Sie daher die vorhandenen Ressourcen nutzen, sich Vorschläge anderer anhören, sie diskutieren, abwägen und in Ihre Entscheidung einbeziehen. Dennoch werden Sie nicht allen Ideen und Vorschlägen Ihrer Mitarbeiter gerecht werden können.

Am Ende tragen allein Sie als Führungskraft die Verantwortung. Sie müssen in der Lage sein, eine Entscheidung zu treffen, hinter der

Sie stehen und für die Sie einstehen können. Diese Kombination aus Flexibilität und innerer Spannkraft bekommen Sie dann hin, wenn Sie zwei Dinge beachten.

Erstens: Schaffen Sie Transparenz. Voraussetzung für ein Kommitment Ihrer Mitarbeiter in Zeiten der Krise ist Transparenz. Diese schaffen Sie durch regelmäßige, offene Feedbackschleifen, durch die Einbeziehung Ihres Teams in wichtige Entscheidungen und indem Sie die Gründe für Ihre Entscheidungen nachvollziehbar machen. Sie können Ihre Entscheidung aus gutem Grund jederzeit revidieren. Das macht Sie nicht zu einem Fähnchen im Wind, sondern zu einer verantwortungsbewussten Führungskraft, welche in der Lage ist, im Rahmen anhaltender Veränderungsprozesse, situativ angemessene Entscheidungen zu treffen.

Zweitens: Reagieren Sie zeitnah auf neue Umstände. Die VUCA-World lebt nicht von Stabilität und Beständigkeit, sondern von instabilen, fragilen und sich immer wieder neu arrangierenden Gegebenheiten. Seien Sie achtsam und nehmen Sie Veränderungen in Ihrer Umgebung wahr. Funktioniert etwas nicht mehr reibungslos? Gibt es mehr Spannungen und Konflikte als sonst? Häufen sich Kritik und Beschwerden von Mitarbeitern oder Kunden? Ist es an der Zeit, frühere Entscheidungen zu überprüfen und gegebenenfalls zu revidieren?

Denken Sie nicht im Richtig-oder-falsch-Modus. Zweifeln Sie nicht an Ihrer früheren Entscheidung – aber zweifeln Sie daran, ob sie hier und jetzt noch angemessen ist. Manchmal reicht eine kleine Modifikation und alles ist wieder im Lot. Ergänzen Sie strategische Entscheidungen auf der Makro-Ebene durch regelmäßige Anpassungen auf der Mikro-Ebene. Wir werden im dritten Kapitel noch einmal darauf zurückkommen, wie überlebenswichtig die Achtsamkeit gegenüber kleinen Veränderungen in VUCA-Zeiten ist.

Warum in VUCA-Zeiten häufig SSEE-World-Führungskräfte zum Einsatz kommen

Die Praxis zeigt, dass bei Change-Prozessen, die viel VUCA-Energie mitbringen, häufig jene SSEE-World-Manager das Sagen haben, die -– einem Fels in der Brandung gleich – Veränderungsprozesse stoisch vorantreiben, schnelle Quartalsergebnisse zeigen und auch unbequeme Entscheidungen bei der Belegschaft durchsetzen. Sie diskutieren nicht lange und wägen nicht endlos ab. Sie denken nicht zu kompliziert, handeln direkt und sind durchsetzungsstark. Sie delegieren, besitzen klare Zielvorstellungen und eindeutige Regeln, nach denen sie entscheiden. Sie trotzen den damit einhergehenden Stürmen und Turbulenzen, bringen Sicherheit, Klarheit und geben in akuten Krisenzeiten die nötige Orientierung. Die Frage ist: Reicht ein gutes Krisenmanagement aus, um einen umfassenden Change-Prozess zu begleiten?

Wie bereits erwähnt, ist das Entweder-oder-Prinzip in akuten Krisenzeiten ein adäquates Entscheidungs- und Führungsinstrument. Die Resilienz des Systems zeigt sich dadurch, dass nach der Krise wieder Ruhe und der gewohnte Alltag einkehren. Sicher, es gibt noch Schäden zu reparieren, aber dann ist alles wieder beim Alten.

Die meisten Change-Prozesse, mit denen Unternehmen zu tun haben, bestehen jedoch nicht aus akuten Krisen. Ganz im Gegenteil. Die Veränderungen gehen ruhig, langsam und dafür stetig voran. Sie erfordern viel Geduld, Ausdauer, Kreativität und kontinuierliche Anpassungs- und Lernprozesse aller Beteiligten.

Auch die VUCA-Energie, die von der neuen Informationstechnologie, von E-Mails, Handys & Co ausgegangen ist, hat sich erst über einen langen Zeitraum hinweg zu einem handfesten, andauernden Sturm ausgewachsen. Unser Arbeitsleben hat sich nicht von heute auf morgen, sondern nach und nach beschleunigt. Und obwohl das ganze Wirtschaftsleben von den Modernisierungsprozessen betroffen ist, sind die einhergehenden Veränderungen nicht für jede Branche gleich intensiv oder radikal.

Umgekehrt können akute Krisen, wie Umweltkatastrophen oder eine plötzlich offen zutage tretende Wirtschaftskrise, mit nachhaltigen und langfristigen Veränderungs- und Neugestaltungsprozessen einhergehen. Nichts wird mehr so sein wie zuvor. Die erforderlichen Anpassungsprozesse lassen sich nicht allein mit einem rigiden Entweder-oder-Prinzip gestalten. Hier braucht es ebenfalls ein flexibles, integratives und prozessorientiertes Management nach dem Sowohl-als-auch-Prinzip.

Eine resiliente Unternehmenskultur ist idealerweise in der Lage, akute Krisen und langfristige Change-Prozesse durch eine kontextuelle Führung aufzufangen und zu steuern. Führungskräfte und deren Teams zeigen sich dann resilient, wenn sie in der Lage sind, die Wechselwirkungen und Dynamiken von SSEE- und VUCA-World nach Bedarf auszugleichen. Beherrschen Sie Führungsqualitäten sowohl aus der SSEE- als auch aus der VUCA-World, besitzen Sie die größte Flexibilität und Anpassungsfähigkeit. Sie können, je nach Phase, Kontext und Bedarf, aus beiden Prinzipien frei wählen.

Das Sowohl-als-auch-Prinzip führt langfristig zu mehr Gelassenheit und zu einer vorbeugenden Routine im Umgang mit kritischen Situationen, die sich erst gar nicht zu einer Krise ausweiten. Doch es gibt noch eine weitere zentrale Stellschraube, mit der Sie als Führungskraft sich und Ihre Mitarbeiter in Krisenzeiten stärken können: Sorgen Sie für Sicherheit! Im nächsten Kapitel erfahren Sie, warum wir für mehr Resilienz im Umgang mit Krisen eine neue Führungskultur der Sicherheit brauchen.

Das Entweder-oder-Prinzip:

In ruhigen, stabilen Phasen nutzen Sie SSEE-World-Strategien. In turbulenten Phasen, die von Veränderungen und Krisen geprägt sind, die der VUCA-World.

Das Sowohl-als-auch-Prinzip:

Stoßen beide Phasen aufeinander und vermischen sich die Anforderungen, nutzen Sie sowohl Führungsprinzipien der SSEE-World, als auch der VUCA-World, um die Spannungsfelder zeitnah auszugleichen.

SSEE-World Entweder-oder-Prinzip	VUCA-World Sowohl-als-auch-Prinzip
Hilft Sicherheit und Stabilität durch eindeutige, einfache Entscheidungen herbeizuführen.	Hilft Sicherheit im Umgang mit unvorhersehbaren, mehrdeutigen und komplexen Entscheidungssituationen zu erlangen.
Basiert auf früheren Erfahrungen, Routinen, Automatismen, wie auch konkreten Vorschriften, Regeln und sozialen Übereinkünften.	Basiert auf gegenwärtiger Erfahrung, Experimenten, Suchbewegungen, allgemeinen Prinzipien, Muster- und Regelbrüchen und gestaltet neue soziale Übereinkünfte.
Ermöglicht eine präzise Verständigung, dient der Strukturierung, der Bildung von Hierarchien, dem Setzen von Prioritäten und der Gestaltung wiederholbarer Abläufe.	Ermöglicht eine interkulturelle Verständigung, dient der Verbindung, Vernetzung, der Bildung flacher Hierarchien, dem prozessorientierten Vorgehen und schafft einmalige, individuelle Abläufe.
Reflex bei Stress, hohem Druck und in Gefahrensituationen. Verkürzt den Entscheidungsprozess und dient dem Überleben.	Spontane Reaktion, bei knappen Zeitfenstern und Ressourcen. Ermöglicht kurzfristige Entscheidungen und dient interaktiven Lernprozessen.
Zeitintensiver Aushandlungsprozess. Sinnvoll bei langfristigen Entscheidungen. Dient der Festigung, der Erkenntnis und Wahrheitsfindung.	Zeitintensiver Gestaltungsprozess. Sinnvoll bei langfristigen Entwicklungen. Dient der Bewältigung von Umbrüchen, Revisions- und Erneuerungsphasen.

Der Mensch kommt als Sicherheitsexperte, Change- und Krisenmanager auf die Welt. Ich frage mich: warum lässt ihn keiner in Ruhe seinen Job machen?

II. Resilienz – Mit Sicherheit stark durch die Krise

Unsere natürliche Krisenkompetenz

Nicht jede Veränderung oder jedes überraschende Ereignis im Leben eines Systems muss eine Krise auslösen. Ob ein Mensch eine Situation als belastend oder gar als Krise für sein Leben empfindet, lässt sich daher nicht pauschal und einheitlich beantworten. „Des einen Freud ist des anderen Leid." Was für den einen als ein unüberwindliches Hindernis erscheint, ist für den anderen eine lockere Herausforderung.

Zum Begriff der Krise

Das Wort Krise leitet sich ab von dem altgriechischen Wort κρίσις (krísis) und bedeutet ursprünglich Meinung, Beurteilung oder Entscheidung und wurde später auch im Sinne von Zuspitzung genutzt. Mit dem Wort Krise bezeichnet man eine problematische, mit einem Wendepunkt verknüpfte Entscheidungssituation.

Der Duden definiert die Krise als eine schwierige Lage, kritische Situation oder Zeit, die den Höhe- und Wendepunkt einer gefährlichen Entwicklung darstellt. Medizinisch stellt die Krise einen kritischen Wendepunkt in einem Krankheitsverlauf dar.

Umgangssprachlich kennen wir viele Ausdrücke für eine Krisensituation: Wir stehen vor einem Dilemma, ein Gefühl der Ausweglosigkeit oder Notlage entsteht. Wir empfinden die Situation als ein Problem, eine Sackgasse, sind in Bedrängnis, an einem Tiefpunkt im Leben, in einer Zwangslage, in der Klemme, Misere oder Bredouille.

Wie Krisen entstehen

Das Entstehen und die Bewältigung von Krisen sind unmittelbar mit der Frage verbunden, wie gut ein System oder ein Mensch auf die aktuelle Belastungssituation eingestellt und vorbereitet ist, ob es sich um eine völlig neue Situation handelt oder ob gewisse Erfahrungswerte mit ihr vorliegen. Dementsprechend braucht der eine Mensch länger, um eine Krisensituation zu verarbeiten, der andere kann schon nach kürzerer Zeit wieder zur Tagesordnung zurückkehren.

Auch fällt die Intensität des Krisenerlebnisses unterschiedlich aus. Für den einen Menschen ist die Belastung so stark, dass er für Tage, Wochen oder Monate arbeitsunfähig ist. Andere können die Krise weitestgehend mit sich ausmachen und man merkt ihnen den Bewältigungsprozess kaum an. Zwischen diesen Extremen gibt es eine große Bandbreite.

Das Eintreten einer Krisensituation kann also unerwartet und durch ein plötzliches, überraschendes Ereignis geschehen oder sich erst im Verlauf eines länger anhaltenden Veränderungsprozesses einstellen.

Kennzeichen eines plötzlichen Kriseneintritts

- Unerwarteter Zusammenbruch von sichernden, helfenden und unterstützenden inneren und/oder äußeren Strukturen.
- Plötzliche oder unerwartete Unterbrechung von Gewohnheiten, Routinen und Verhaltensmustern.
- Zusammenbruch von gehegten Erwartungen und Vorannahmen hinsichtlich bestimmter Ereignisse.
- Wahrnehmung von akuter Angst, Gefahr oder Lebensgefahr und eine damit verbundene Stressreaktion, wie z. B. durch das subjektive Erleben eines plötzlichen Schocks.

Kennzeichen eines langsamen Kriseneintrittes

- Schleichender und kontinuierlicher Zusammenbruch von sichernden, helfenden und unterstützenden inneren und/oder äußeren Strukturen.
- Subjektiver Verlust von Kontrolle durch eine stete Abnahme der Selbstwirksamkeitsüberzeugungen.
- Schwinden oder Abhandenkommen des Gefühls von Selbstvertrauen, Optimismus und Zuversicht.
- Verschwimmen von klaren Perspektiven, Erleben von Sinnlosigkeit im Hinblick auf das Erreichen von zuvor gesetzten Zielen oder der Ausführung von Aufgaben.
- Wachsende Gefühle von Überforderung und Ohnmacht.
- Erleben einer Grenzerfahrung mit der Befürchtung, dass die Situation mit den im Moment vorhandenen oder abrufbaren Fähigkeiten, Ressourcen und Möglichkeiten, nicht mehr erfolgreich oder nur sehr schwer zu bewältigen sein wird.
- Zunehmende und/oder chronische Wahrnehmung von Angst, Gefahr oder Lebensgefahr und damit einhergehende Stressreaktionen, wie Angriffs-, Flucht-, Erstarrungsverhalten oder Schockerlebnisse.

Ein krisenauslösendes Ereignis kann die Trennung von einem Kollegen, Vorgesetzten, aber auch eine schwere Enttäuschung innerhalb eines Projekts sein. Außerdem die Bekanntgabe und Umsetzung von Reorganisationsmaßnahmen, eine Statusveränderung durch einen internen Arbeitsplatzwechsel oder die Erweiterung bzw. Reduzierung von Befugnissen und Kompetenzen.

Auch eine plötzliche Beförderung – also eine zunächst eher als positiv bewertete Veränderung – kann z. B. durch eine temporäre Überforderung eine Krise auslösen. Grob lassen sich drei Arten von Krisen unterscheiden: die Entwicklungskrise, die akute Belastungskrise und die kritischen Lebensereignisse.

Die Entwicklungskrise

Die Entwicklungskrise gehört schlicht zum Leben dazu und entsteht in voraussehbaren Übergangszeiten. Bei Kindern kann dies der Übergang vom Kindergarten- zum Schulalter sein oder von der Pubertät ins Erwachsenenalter. Sie dient dem Wachstum und der Persönlichkeitsentwicklung.

Je nach Ressourcen, Fertigkeiten und Gesamtbelastung einer Person können auch angenehme Ereignisse, wie eine Hochzeit oder ein Karriereschub, zu einer tiefgreifenden und schweren Krise führen. Ebenso können Entwicklungskrisen durch den Eintritt ins Berufsleben, durch Elternschaft, den Übergang ins Rentenalter oder durch körperliche Gebrechlichkeit ausgelöst werden.

Symptome: Die Symptome reichen von Aggressivität, Ängsten, Depressionen über Trotz, Resignation, Verzweiflung bis zum Rückzug.

Aufgabe: In diesen Phasen geht es meist darum, alte Regeln und Gewohntes abzulegen, eine neue Rolle in der Gesellschaft einzunehmen, sich an neue Umgangsformen zu gewöhnen, gesellschaftlichen Ansprüchen gerecht zu werden, sich in die Gemeinschaft einzufinden, zu sich und der Welt ein neues Selbstverständnis zu entwickeln.

Chance: Eine Entwicklungskrise birgt die Chance, am Ende Neues zu wagen, ein neues Verantwortungsgefühl für sich und andere zu entwickeln, sich von alten Denk- und Verhaltensmustern zu lösen und sich in die Lage zu versetzen, das eigene Potential stärker zu leben als zuvor.

Beispiele für Auslöser von Entwicklungskrisen

In privaten Übergangszeiten	In beruflichen Übergangszeiten
• Übergang Kindergarten/ Schule • Orts- und Schulwechsel • Übergang Pubertät ins Erwachsenenalter • Trennungen, Scheidung der Eltern • Eintritt ins Berufsleben • Eigene Beziehungen, Heirat • Kinder und Elternschaft • Körperliche Veränderungen im Alter	• Berufseinstieg • Umschulungen • Wechsel auf eine neue Position • Beförderung und Karriere • Übernahme von Führungsverantwortung • Übergang ins Rentenalter

bis S. 98 Auslöser für Krisen eines MA im Beruf

Die akute Belastungskrise

Akute Belastungskrisen sind Krisen und Konflikte, die unvermittelt im Alltag auftreten. Diese Krisen gehören zwar ebenfalls zum Leben dazu, erwischen einen aber meistens unerwartet. Auf akute Belastungskrisen kann man sich nicht vorbereiten. Sie kommen überraschend, wir haben nicht mit ihrem Eintritt gerechnet oder gehofft, dass es uns nicht treffen wird. Hierzu gehören z. B. Krankheiten, Unfälle, Trennungen, Kündigungen.

Symptome: Die Reaktionen der Betroffenen reichen von Schock über Leugnung, Aggression, Aufregung, Traurigkeit bis hin zu Angst, Rückzug, Verwirrung und Desorientierung. Es fällt schwer, richtige Entscheidungen zu treffen. Verschiedene Stressreaktionen treten auf. Besonders schwierig kann es werden, wenn temporäre Belastungen, zum Beispiel hoher Zeitdruck und Überstunden, zur Dauerbelastung werden. Neben den psychischen Reaktionen können dann vermehrt auch körperliche Reaktionen auftreten.

Aufgabe: Bei Belastungskrisen geht es darum zu verstehen, dass diese temporär sind, also schnell wieder vorübergehen können, und zum normalen Lebens- und Berufsalltag gehören. Dennoch reagiert jeder Mensch unterschiedlich sensibel auf das Eintreten einer Belastungskrise. Sie müssen daher ernst genommen, brauchen aber auch nicht dramatisiert zu werden.

Chance: Entscheidend ist es, aus der Krise zu lernen und die Handlungskompetenzen zu erweitern. Hierzu gehört die Suche nach neuen Strategien, Denk- und Handlungsmöglichkeiten. Eine große Bedeutung spielt auch die Frage, ob man Zeit und Raum für die Entwicklung neuer Ideen und Lösungsansätze findet.

Beispiele für Auslöser für akute Belastungskrisen

Im privaten Kontext	Im beruflichen Kontext
• Temporärer Zeitdruck • Keine Rückzugsmöglichkeiten • Medienkonsum und Entgrenzung • Plötzliche Schwangerschaft • Alleinerziehendes Elternteil • Angst vor Bewertungen durch andere, Angst, nicht perfekt zu sein • Streit mit Kindern und/oder Partner, Auseinandersetzungen mit der Familie • Plötzliche Trennung oder Scheidung • Plötzlicher Krankheitsfall oder Tod	• Temporärer Zeitdruck • Ständige Überstunden • Medienkultur und Entgrenzung • Vertretung einer erkrankten Kollegin • Angst vor einem Bewertungsgespräch • Auftreten von Fehlern in einem Projekt • Streitigkeiten mit Kunden oder Kollegen • Auseinandersetzungen mit Vorgesetzten • Plötzliche Kündigung oder Jobverlust • Krankheit

Kritische Lebensereignisse

Akute Belastungskrisen treten heute häufig in Verbindung mit kritischen Lebensereignissen auf. Sie können sich zu chronischen Belastungssituationen ausweiten, die Menschen nachhaltig erschüttern und deren Bewältigung sich über einen längeren Zeitraum erstrecken kann.

Symptome: Die Reaktionen können von lang anhaltender starker Erschöpfung über psychische bis hin zu körperlichen Erkrankungen reichen. Oft können die Betroffenen die Krise nicht mehr durch eigene Kraft meistern. Sie sind zur Stabilisierung auf Hilfestellungen und Unterstützung in Form von Beratung, Coaching oder Therapie angewiesen.

Aufgabe: Wichtig ist die Suche nach Entlastungsmöglichkeiten. Es gilt, die Krise nicht zu deckeln, sondern offen über sie zu reden. Notfalls auch, die Scheu zu überwinden und sich professionelle Unterstützung zu holen.

Chance: Ziel ist die Entwicklung neuer Haltungen und Einstellungen. Eine große Rolle spielt z.B. die Frage, ob man lernt, in solchen Situationen um Hilfe zu fragen und Hilfe anzunehmen. Kritische Lebensereignisse schweißen die Menschen zusammen, vertiefen Freundschaften und Beziehungen.

Beispiele für Auslöser von kritischen Lebensereignissen

Im privaten Kontext	Im beruflichen Kontext
• Tod oder Verlust von Angehörigen • Pflegebedürftigkeit von Angehörigen • Chronische Erkrankung, Behinderung • Alkohol- und Suchtabhängigkeit • Psychische Erkrankungen, Burn-out • Naturkatastrophen, Unglücke	• Betroffenheit von Wirtschaftskrisen • Unternehmensübernahme • Konkurs bei Selbstständigen • Drohende Arbeitslosigkeit, Verarmung • Belastung durch Mehrfachjobs • Mobbing, soziale Abgrenzung • Verlust von Kollegen und/oder Vorgesetzten

Wenn kritische Lebensereignisse den Berufsalltag prägen

Das Durchleben häufiger kurzfristiger Belastungskrisen und kritischer Lebensereignisse gehörte früher eher zu den Ausnahmesituationen. Heute gehören Belastungskrisen und kritische Ereignisse wie Fusionen, Umstrukturierungen, Krankheitsausfälle etc. zum Joballtag.

Erschwerend kommt hinzu, dass das Durchleben kritischer Lebenskrisen, z. B. der Konkurs eines Unternehmens oder Burn-out-Fälle, mit Stigmatisierung und Schuldgefühlen verbunden sind, da diese Themen nach wie vor mit Scham und Tabus besetzt sind. Dabei kann der offene Umgang mit Belastungskrisen und kritischen Lebensereignissen häufig den Eintritt einer größeren Krise verhindern.

Praxisbeispiel: Die Notbremse

Wie wichtig es ist, kritische Arbeitssituationen rechtzeitig zu erkennen und sie offen anzusprechen, noch bevor sie sich zu größeren persönlichen Krisen ausweiten, kann Ihnen das folgende Beispiel verdeutlichen.

Ich war bei einem kleineren Unternehmen als Geschäftsführer angestellt und habe nach sieben Monaten das Fazit gezogen, dass die Firma und ich nicht zusammenpassten. Der Verkaufsdruck war immens und es war ein viel zu hohes Planungsbudget vorgegeben worden. Dazu musste eine kürzlich gekaufte Firma integriert werden.

Ich habe mir zu Beginn diesen Druck zu eigen gemacht. Die geschäftlichen Probleme wurden meine eigenen Probleme. Ich hatte den unbedingten Ehrgeiz, etwas zu verändern, habe es aber nicht geschafft, etwas zu bewegen. Das lag einerseits an der Führung, die sich sehr ins operative Geschäft einmischte, andererseits aber auch an mir, denn ich habe nie richtig um Hilfe gebeten.

Nach einigen Monaten zeigten sich die ersten körperlichen Symptome. Eines dieser Symptome war, dass ich mitten in der Nacht aufwachte, dann ungefähr drei Stunden schlaflos da lag und morgens um halb sechs für eine Stunde wieder einschlief. Man kann sich vorstellen, wie man sich fühlt, wenn das über Wochen hinweg jede Nacht passiert. Weiterhin fühlte ich große körperliche Anspannungen und kam innerlich nicht mehr zur Ruhe. Ich hatte komplett die Fähigkeit verloren abzuschalten.

In den folgenden Wochen habe ich überlegt, was ich machen könnte. Mir war klar, dass es keinen Zweck hatte, gegen irgendwelche Kräfte anzukämpfen, die ich ohnehin nicht in den Griff bekommen konnte.

Für mich stand auf einmal fest: Bevor du hier komplett zusammenklappst, ziehst du lieber die Reißleine. Ich bin zu meinem Vorgesetzten gegangen und habe ihm die Situation offen geschildert und ihm die Trennung vorgeschlagen. Wir haben uns schließlich einvernehmlich getrennt und ich bin aus dem Unternehmen in aller Freundschaft ausgeschieden.

Gar nicht erfreut über diese Entwicklung waren überraschenderweise Freunde und meine eigene Ehefrau. Diese sprachen mir zwar Mut zu, gaben mir aber eher den Rat, weiterzukämpfen und durchzuhalten. Das war bestimmt gut gemeint, hat aber den vorhandenen Druck nur noch erhöht. Rechnen Sie also auch mit Gegenwind aus den eigenen Reihen, wenn Sie sich entscheiden, in Fragen der eigenen Gesundheit mehr auf Ihre innere Stimme zu hören.

Der Verlauf einer Krise

Veränderungsprozesse, die durch Krisen ausgelöst werden, sind von Natur aus von einem Wechselspiel hilfreicher Gefühle begleitet. Wir werden mit unterschiedlichsten Emotionen und Gefühlen in Kontakt gebracht. Diese reichen von Schock, Skepsis, Angst und Wut über Zweifel, Traurigkeit bis hin zu Begeisterung und Tatendrang.

Die verschiedenen Phasen der mentalen und emotionalen Selbstregulation unterstützen uns dabei, Krisen zu verarbeiten und die erforderlichen Anpassungsprozesse zu durchlaufen. Dabei verändern wir unsere Haltungen und Einstellungen, wir überprüfen und erweitern unser bisheriges Handlungsspektrum und bekommen die Gelegenheit, unser System neu auszubalancieren.

Gefühle sind normal, natürlich und helfen dabei, Veränderungsprozesse zu durchleben. Gefühle sind ein wichtiger Teil unseres Sozialverhaltens, mit ihnen machen wir auf uns aufmerksam, wir zeigen uns und wir öffnen uns gegenüber anderen Menschen. Setzen wir einen Menschen unter Druck und lösen bei ihm Angst, Wut, Verzweiflung oder Hilflosigkeit aus, löst dies automatisch Reaktionen in unserem limbischen System aus:

Der Puls steigt an, die Atmung geht unregelmäßig, Hormone werden freigesetzt und strömen über die Blutbahnen durch den Körper. Gelangen diese zum Beispiel zu den Tränendrüsen, wirken die chemischen Emotionsboten wie Neurotransmitter auf die Zellmembranen und lösen ein Weinen aus, das beim Menschen selbst und bei anderen Menschen wiederum eine Gegenreaktion auslöst, zum Beispiel Mitgefühl oder Trost.

Gefühle dienen der Stressverarbeitung

Wissenschaftliche Untersuchungen des niederländischen Psychologen Ad Vingerhoets (2009) haben gezeigt, dass Weinen gut für die Seele ist und uns entspannt – vor allem, wenn wir dabei nicht alleine sind. Über eine Situation zu weinen, bringt einen dazu, die Situation neu zu überdenken oder nach Hilfe zu suchen. Man muss sich darüber klar sein, dass z. B. das Weinen eine Reaktion unseres vegetativen (autonomen) Nervensystems ist und der Mensch grundsätzlich keinen Einfluss darauf hat, ob er Tränen vergießt oder nicht.

Wir haben über Jahre gelernt, unsere unbewussten Reaktionen durch das Erlernen von Haltungen, Einstellungen und sozialen Verhaltensnormen indirekt zu steuern. „Ein Junge weint nicht!", „Im Business zeigt man keine Gefühle!"

Werden Gefühle unterdrückt, belasten sie uns indirekt, führen zu latentem und chronischem Stress für den Körper, zu Unkonzentriertheit und dazu, dass uns immer wieder die gleichen Gedanken durch den Kopf gehen. Vor allem aber hindern sie uns an einer guten und authentischen Kommunikation.

Gefühle ermöglichen neues Verhalten

Wie wichtig Emotionen für einen positiven Krisenverlauf sind, beschreibt der Hirnforscher Gerald Hüther (2007) in seinem Buch „Biologie der Angst“. So sind Gefühle wie Trauer oder auch Phasen der Depression eine wichtige Voraussetzung dafür, um überhaupt neues Verhalten entwickeln zu können.

Erleben wir Gefühle von Trauer und leichter Depression, werden chemische Stoffe im Gehirn freigesetzt, welche die Auflösung alter neuronaler Verschaltungen ermöglichen – mit der Folge, dass wir uns von vertrauten Denk- und Verhaltensmustern lösen können. Auf der anderen Seite führen starke Gefühle wie Freude und Begeisterung beim Lernen dazu, neue neuronale Verknüpfungen zu schaffen.

Change-Prozesse durchziehen oder durchführen?

Dass Change-Prozesse emotionale und körperliche Reaktionen hervorrufen, findet im traditionellen Business-Kontext noch wenig Berücksichtigung. Nach dem Motto „Augen zu und durch“ werden Change-Prozesse angeordnet, durchgezogen, aber nicht durch*geführt*. Mit dem Ergebnis, dass nicht der Change-Prozess an sich das größte Problem darstellt, sondern die zwischenmenschlichen und materiellen Schäden, die dadurch entstehen, dass Emotionen und Konflikte unverarbeitet bleiben.

Emotionsforscher wie Daniel Goleman, Glücks- und Flow-Forscher wie Mihály Csíkszentmihályi, Seligmann und die modernen Erkenntnisse der Neurobiologie hauchten dem Wirtschaftsleben in den letzten Jahren wieder ein wenig Leben und emotionale Bandbreite ein.

Die Botschaft, dass Menschen keine willenlosen und emotionsbefreiten Maschinen sind, ist angekommen. Die Zunahme an psychischen Belastungen und die Krankenstände in den letzten zehn Jahren haben ihr Übriges dazu beigetragen – und so kommt heute keine Führungskraft mehr um das Thema „Achtsame Führung" herum.

Das Wissen über Veränderungsprozesse gibt Sicherheit

Nicht der Veränderungsprozess als solcher macht uns Probleme, sondern die Frage, inwieweit seine Begleiterscheinungen als Ausdruck des menschlichen Daseins kulturell akzeptiert sind. Um die Wahrnehmung und Sensibilität für Krisenverläufe zu schärfen, lohnt sich ein Blick auf die so genannte Veränderungs- oder Change-Kurve.

Die Change-Kurve beschreibt prototypisch, welche emotionalen und psychischen Reaktionsweisen beim Menschen im Verlauf einer Krise auftreten können. Das Modell der Change-Kurve hilft, die Wahrnehmung für Veränderungsprozesse zu schärfen, eine bessere Orientierung zu geben und zugleich kreative Potentiale im Krisenverlauf aufzuzeigen. Für jede Phase gibt es einfache Handlungsempfehlungen, die Ihnen bei der Umsetzung von Change-Prozessen helfen können.

Im Hinblick auf die Erkenntnisse der Change- und Resilienzforschung können für das Durchleben einer Krise die folgenden acht Phasen unterschieden werden:

- **Ereignis:** Eintritt der Veränderung und Überforderungssituation
- **Schock:** Erstarrung, Lähmung, Sprachlosigkeit
- **Leugnung:** das Ereignis oder seine Wirkung wird ignoriert
- **Wut:** starke Emotionen, Ärger über die Umstände
- **Verhandlung:** der Wunsch, den alten Zustand wiederherstellen zu können
- **Depression:** Akzeptanz der Veränderung und Trauerphase
- **Öffnung:** Erkunden neuer Möglichkeiten, Lern- und Probierphase
- **Integration:** an den Herausforderungen gereift und gewachsen sein

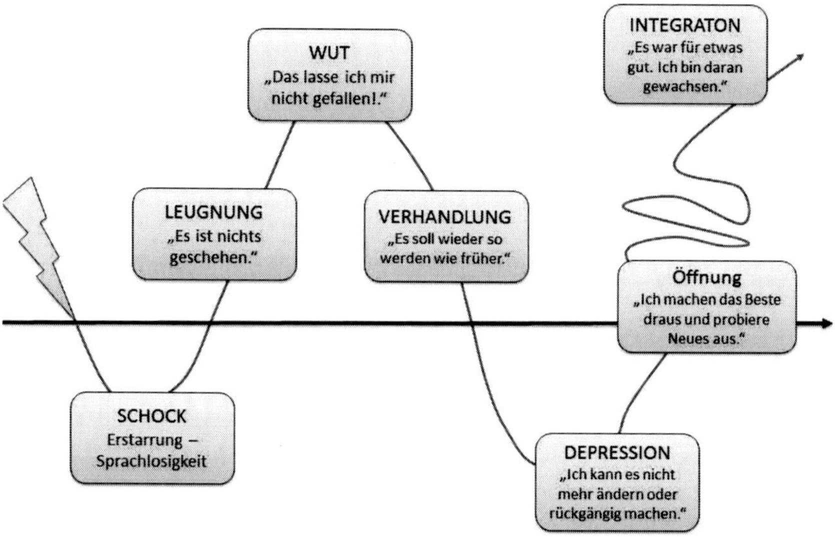

Change-Kurve, frei nach Connor (1993)

Jede der Phasen übernimmt wichtige Schutzfunktionen, die dem Menschen bei der Bearbeitung von Krisen und Veränderungsprozessen helfen können. Sehen wir nun wodurch die einzelnen Phasen charakterisiert sind und wie Sie Mitarbeiter unterstützen können.

Phase 1: Der Schock

Eine Schockreaktion erleben wir, wenn Krisen und Belastungssituationen plötzlich eintreten, z. B. bei einem Unfall. Wir können aber auch einen Schock bekommen, wenn wir plötzlich zusammenbrechen und merken: „So geht es nicht mehr weiter. Ich kann nicht mehr!" Bei einem Schock frieren wir förmlich ein, werden bewegungsunfähig, haben keinen klaren Gedanken mehr.

Die positive Seite dieser Phase ist im Schutzmechanismus des Schockzustands zu sehen. Wir schützen uns in diesem Moment selbst, können nicht in blinden Aktionismus verfallen. Der alte Zustand soll erst einmal aufrechterhalten bleiben. Wir sind betroffen, auch emotional. Wir brauchen und bekommen zudem Zeit zum Nachdenken und zum Verarbeiten der Informationen. Die Gefahr: Im Schockzustand können wir stecken bleiben. Die Folge: Wir sind über einen längeren Zeitraum sprach- und bewegungslos im Hinblick auf die Situation.

Wie Sie als Führungskraft einen Mitarbeiter in dieser Phase unterstützen können:

- Die Schocksituation und die Lähmung als Überlebensreaktion würdigen. Die temporäre Lähmung akzeptieren. Kein sofortiges Handeln einfordern. Keine Vorwürfe machen. Hilfe anbieten.
- Präsenz und Geduld zeigen. Kontakt halten (den Mitarbeiter anschauen, beruhigend und langsam sprechen, die Stimme modulieren).
- Dann langsam in Bewegung kommen, z. B. einen gemeinsamen Spaziergang vorschlagen. Dem Mitarbeiter jemanden zur Seite stellen, der ihn nach Hause begleitet.
- Anregen, sich professionelle Hilfe und Unterstützung zu suchen.

Praxisbeispiel: Plötzlicher Todesfall

Im Jahr 2000 ist mir Folgendes passiert: Durch den plötzlichen Tod meiner Frau wurde ich über Nacht Witwer, mit der Verantwortung für drei Kinder im Alter von drei Monaten, drei und sieben Jahren.

Der oben erklärte Schockzustand setzte ein und für eine Nacht war ich nicht in der Lage, Entscheidungen zu treffen. Zum Glück gab es Nachbarn, Freunde und Verwandte, die ein sofortiges Hilfssystem aufbauten. Mir wurde klar, wie wichtig so ein System in diesem Schockzustand ist, auch wenn es in den ersten Stunden danach wenige konkrete Dinge zu helfen gab. Meine damalige Firma hat mir innerhalb von 24 Stunden zwei Dinge zugesagt:

Das Finden und die Bezahlung einer Kinderfrau. Die Suche wurde sofort begonnen und nach sechs Wochen hatten wir die Hilfe. Die Firma hat auch das zweite Versprechen eingehalten und hat mir eine Ergänzung zu meinem Arbeitsvertrag gegeben, bei dem sich das Unternehmen zur Bezahlung der Kinderfrau über mehrere Jahre verpflichtete.

Wichtig war natürlich die menschliche Geste, die hier zum Ausdruck kam, aber auch das Aufzeigen einer Perspektive, die mir die Last der Verantwortung gegenüber drei kleinen Kindern leichter machte. Und natürlich die Dankbarkeit über das Verhalten von Managern, die einfach helfen wollten und es getan haben.

Normalerweise nennen wir die Namen der Firmen nicht, deren Beispiele wir für dieses Buch nutzen. Hier möchten wir eine Ausnahme machen. Es handelte sich um die globale Führungsspitze und den deutschen Geschäftsführer der Firma Biogen, die diese Hilfe im Sommer 2000 möglich gemacht haben.

Phase 2: Die Leugnung

Die Realität wird als inakzeptabel empfunden und geleugnet. Der Mensch tut erst einmal so, als ob es nicht so wäre. „Er hat sich versprochen, hat es nicht so gemeint. Das kann nicht sein." Verzweiflung und Schmerz mischen sich mit Ungläubigkeit. Die positive Seite dieser Phase: Selbstzweifel können berechtigt sein. Vielleicht wurde die Situation nur falsch verstanden?

Es findet eine Überprüfung statt. Hierzu wird der alte Status quo erst einmal aufrechterhalten. Noch werden keine voreiligen Konsequenzen gezogen.

Diese Schutzfunktion dient dazu, Glaubenssätze und das Weltbild aufrechtzuerhalten. Nicht gleich das Schlimmste denken. Nicht den Glauben verlieren. Die Gefahr: Zur Aufrechterhaltung der eigenen Welt und der eigenen Glaubenssätze bleiben wir in der Leugnung stecken, tun schließlich so, als wenn nichts gewesen wäre, nach dem Motto „Es kann nicht sein, was nicht sein darf."

Wie Sie als Führungskraft einen Mitarbeiter in dieser Phase unterstützen können:

- Die Ansichten würdigen und Verständnis zeigen für die Meinung, dass es gut wäre, wenn alles noch so wäre wie früher.
- Aufmerksamkeit auf die Veränderungen lenken und Sowohl-als-auch-Perspektiven eröffnen: Auch wenn die Dinge zum großen Teil noch wie früher sind, woran lassen sich dennoch kleine Veränderungen bemerken?
- Den Mitarbeiter in die Realität zurückholen: Welches wäre eine kleine Veränderung, die dieser für sich wahrnehmen, annehmen und akzeptieren könnte?
- Fragen, was dem Mitarbeiter wichtig ist. Welche Werte, Gewohnheiten und Routinen befürchtet er aufgeben zu müssen?

Phase 3: Zorn und Wut

Hat die Überprüfung der Situation ergeben, dass die Situation tatsächlich wahr ist, können Frustration und Verletzlichkeit ihren berechtigten Ausdruck finden. Die positive Seite: Wir kommen wieder zu uns und setzten uns mit den neuen Gegebenheiten auseinander. Wir spüren uns, können Ärger oder Wut über das Geschehene erleben. Die Gefahr: Die Phase ist auch eine Quelle für Sabotage, Fremd- und Selbstverletzung.

Zur Selbstsabotage kann es zum Beispiel dann kommen, wenn ein Mitarbeiter nur die eigenen Anteile am Geschehen wahrnimmt, wütend auf sich selbst ist, nicht aber Wut auf andere oder das Unternehmen empfinden kann. (Ich müsste die Arbeit doch noch schaffen. Ich tauge eben zu nichts mehr.) Zur Fremdsabotage kann es kommen, wenn die Schuld nur beim Anderen oder im System gesehen wird und ein Mitarbeiter nicht bereit oder in der Lage ist, seinen eigenen Anteil am Geschehen oder seine eigenen Einflussmöglichkeiten zu erkennen.

Wie Sie als Führungskraft einen Mitarbeiter in dieser Phase unterstützen können:

- Mitarbeitern Zeit geben für eine Aussprache.
- In Ruhe aussprechen lassen, aktiv zuhören, Argumente würdigen.
- Sowohl-als-auch-Perspektive aufzeigen: Inwieweit sind sowohl andere als auch man selbst/ das Team am Entstehen der Krise beteiligt?
- Aspekte der Selbstwirksamkeit erfragen: „Was könnten Sie selbst tun, um die Situation für sich zu verbessern?“

Phase 4: Feilschen und Verhandeln

Noch einmal hadern wir mit dem Schicksal. Hoffnung keimt auf. Leugnungsanteile auf höherer Ebene erwachen. Die Sehnsucht entflammt, dass doch noch einmal alles wieder so sein möge, wie es einmal war. „Versprechen an Gott“ werden gemacht, Deals geschmiedet. In dieser Phase sind wir bereit, noch einmal alles zu retten. Die Hoffnung sucht nach Bestätigung – dies kann bis hin zu irrationalen Hilfestellungen wie Pendeln, Karten legen etc. führen.

Es geht nicht darum herauszubekommen, wie das Leben in Zukunft weitergehen soll, sondern eher darum, dass die Karten einem sagen: „Alles wird gut, so wie früher.“ „Du behältst den Job.“ „Er liebt dich immer noch“. Die positive Seite: Es gibt die Bereitschaft, etwas tun, beeinflussen und verändern zu wollen. Die Gefahr: Der alte Status quo soll durch die Veränderung wiederhergestellt werden. Die Konzentration fließt stärker in die Vergangenheit als in die Zukunftsgestaltung.

Wie Sie als Führungskraft einen Mitarbeiter in dieser Phase unterstützen können:

- Die alten Zeiten und den Wunsch würdigen, dass alles wieder so werden soll wie früher.
- Klar aufzeigen, in welchen Bereichen es kein Zurück mehr geben wird.
- Sowohl-als-auch-Perspektiven öffnen: Was von dem, was früher gut war, ließe sich in den neuen Zeiten teilweise beibehalten?
- Neue Möglichkeiten erkunden: Welche zusätzlichen, wertvollen Dinge wären möglich? Welche Chancen könnten sich auftun?

Phase 5: Depression und Akzeptanz

Die natürliche Phase der Depression, in die wir bei Trauerprozessen ebenso wie im Rahmen von Krisen geraten können, nennt man auch das „Tal der Tränen“. Diese Phase ist geprägt von der Akzeptanz, das Alte loszulassen, um für etwas Neues im Leben Platz zu schaffen. Es geht um ein erwachsenes, inneres Eingeständnis der Machtlosigkeit. Wir schaffen es nicht, den alten, vertrauten und geliebten Zustand wiederherzustellen. Und wir wissen auch noch nicht, wie es weitergehen soll.

Psychologen betonen immer wieder, wie wichtig es ist, diese Phase zu durchlaufen, damit der „Abschied nicht verpasst wird“. Aus der vermeintlichen Schwäche einer Depression ziehen wir neue Kräfte. Neurologen haben nachgewiesen, dass in dieser Phase auf chemischem Wege wichtige Veränderungen in unserem Gehirn stattfinden. Alte, vertraute neuronale Verschaltungen können leichter aufgelöst bzw. durch neue ersetzt werden.

Die Voraussetzung für ein „Umdenken“ findet statt. Alte Glaubenssätze können überprüft und neue Handlungsmotive entwickelt werden. Ziel dieser Phase ist es zu akzeptieren, dass wir nichts bei anderen, sondern nur bei uns selbst verändern können.

Wie Sie als Führungskraft einen Mitarbeiter in dieser Phase unterstützen können:

- Präsenz zeigen und aufmerksam zuhören.
- Auszeit anbieten (z.B. Urlaub, verlängertes Wochenende).
- Falls es das ganze Team betrifft, Trauerrituale fördern.
- Unterstützungsangebote machen (z.B. für ein Coaching).

Phase 6: Sich neue Ziele setzen, Neues ausprobieren

Der Wendepunkt ist erreicht. Es wird Zeit für Visionen, für Neues, für Lernprozesse und Kreativität. Nach dem „Tal der Tränen" kommt die Zeit der Experimente. Neue Ziele werden formuliert, neue Prioritäten können gesetzt, neues Verhalten, neue Routinen ausprobiert werden. Jetzt kann eine echte Veränderung stattfinden.

Belassen wir alles beim Alten und glauben, dass uns nach wie vor keiner mehr haben will oder bleiben wir dran, verändern unser Bewerbungsprofil, unsere Bewerbungsstrategien so lange, bis wir die Aufgabe und Nische gefunden haben, die zu uns passt? Diese Phase bietet eine große Chance für echte Veränderungen und für echtes Wachstum, bietet aber auch viele Gelegenheiten, durch ein mögliches Scheitern wieder in die Phase 1 einer neuen Krise zu gleiten. Sollte dies geschehen, können wir uns Folgendes fragen:

- Durchlaufen wir die Krise noch einmal mit aller Intensität oder durchlaufen wir nur eine kleine Schleife?
- Durchleben wir alle Phasen noch einmal im Schnelldurchlauf und halten dabei an unserem eigentlichen Veränderungsziel fest?

Die kreative Phase des Veränderungsprozesses ist in vollem Gange. Hier heißt es durchhalten! Es kann immer wieder zu kleinen Rückschlägen und Frustrationen kommen, weil alles noch nicht so läuft, wie man es sich vorgestellt hat. Wie gehen wir dabei mit Fehlschlägen und Frustrationen um? Es braucht Zeit, bis neues Verhalten gelernt und sich neue Routinen eingestellt haben. Fehler können und müssen geschehen, damit die neuen Strategien Schritt für Schritt optimiert werden können.

Wie Sie als Führungskraft einen Mitarbeiter in dieser Phase unterstützen können:

- Raum und Zeit für die Entwicklung neuer Visionen bereitstellen.
- Raum für spontane und informelle Gespräche geben. Sich für ungewöhnliche und neue Ideen öffnen.
- Raum für das Einüben neuer Verhaltensweisen geben. Ermutigen, auf Erfolge aufmerksam machen. Die allgemeine Fehlertoleranz erhöhen.
- Sich für Fortschritte interessieren. Fragen, was schon gut klappt.
- Unterstützung und Hilfestellungen anbieten.

Phase 8: Integration, Erneuerung und Stärkung
Eines Tages ist die Krise überwunden. Wir haben es geschafft, sind glücklicher, gereifter, zufriedener und erfahrener als zu Beginn der Krise. Man nennt dies die Phase der Reifung auf höherem Niveau. Oder man sagt: Wir sind gestärkt aus der Krise hervorgegangen. Ein Blick zurück zeigt, ohne Krise hätten wir dieses oder jenes nicht getan, hätten wir uns dies und das nicht getraut. Vielleicht kennen Sie das Gefühl der Integration: Sie haben sich durch die Erfahrungen zwar verändert, sind zugleich ein Stück mehr Sie selbst geworden.

Wie Sie als Führungskraft einen Mitarbeiter in dieser Phase unterstützen können:

- Die Veränderung des Mitarbeiters offen anerkennen.
- Das neue Verhalten des Mitarbeiters respektieren und wertschätzen.
- Lernerfahrung für die Zukunft sichern: Auch in späteren Krisen an die Krisenkompetenz erinnern.

Praxisbeispiel: Der Firmenverkauf

Zwischen September 2006 und Mai 2007 erlebte ich eine so genannte feindliche Übernahme, bei der das Biotechunternehmen, bei dem ich als Geschäftsführer arbeitete, innerhalb von neun Monaten an einen großen Pharmakonzern verkauft wurde. Für die Pharmaindustrie ein völlig normaler und alltäglicher Vorgang, für die betroffenen Mitarbeiter unseres Unternehmens und auch für mich kam die Übernahme jedoch quasi aus dem Nichts. Das ruhige Leben wurde von heute auf morgen für uns alle „VUCA“: unberechenbar, unsicher, komplex und ambivalent zugleich.

Ich selbst befand mich gerade im Urlaub, als ich über eine SMS davon erfuhr. Ich bekam so gut wie keine Informationen und wurde über Wochen nicht über den Stand der Dinge informiert.

Wie oft in solchen Übernahmesituationen wusste die Presse meist mehr vom aktuellen Geschehen als die Belegschaft. Zwischen der Ankündigung des Verkaufs und dem Abschluss des Deals vergingen über sechs Monate. Große Teile des Senior Managements waren über Wochen nicht erreichbar. Es gab weder Informationen noch klare Perspektiven für die Mitarbeiter. Die Abwicklung des Unternehmens mussten wir am Ende dann innerhalb von drei Monaten über die Bühne bringen. Erst geschah nichts – dann alles ganz plötzlich und in einem Irrsinnstempo. Zeit zum Verstehen oder für vernünftige Reaktionen gab es schlichtweg nicht.

Die Mitarbeiter standen für neun Monate unter Dauerstress und waren einer völlig unsicheren und unberechenbaren Situation ausgesetzt. Keiner wusste, wie der Stand der Dinge war. Ich wusste nicht, ob es für die Mitarbeiter Übernahmeangebote geben würde, und wenn ja, ab wann und für welche. Die Frustration und Enttäuschung im Team wuchs von Woche zu Woche. Im gleichen Maße sank die Motivation und Produktivität. Nichts war mehr alltäglich und wie gewohnt, zugleich sollte aber das Tagesgeschäft ganz normal weitergehen. Eine Erwartung, die natürlich völlig unrealistisch war – dennoch trug ich als Geschäftsführer die Verantwortung, eine solche Situation aus dem Stand zu managen.

In einer Situation, in der Sie für Ihre Mitarbeiter weder mit konkreten Informationen noch mit Perspektiven aufwarten können, ist das Allerwichtigste, Empathie mit den Mitarbeitern zu zeigen und das auch auszudrücken. Meine Erfahrung war, dass die generelle Unsicherheit das größte Problem darstellt. Leider gab es auch in unserem Fall eine sehr schlechte Kommunikationspolitik. Auch wenn die eigenen Vorgesetzten auf Tauchstation gegangen waren, ich war als Geschäftsführer gefordert, dieses Defizit und die Reaktionen der Mitarbeiter aufzufangen.

Die Bandbreite ihrer Reaktionen war identisch mit denen, die wir in der Change-Kurve kennengelernt haben: Existenzielle Sorgen und die Aussicht, in den nächsten Wochen nicht nur den vertrauten Arbeitsplatz, sondern ebenso gute Kollegen und Freunde zu verlieren, hatte bei einigen einen nachhaltigen Schock ausgelöst, bei anderen Wut bis hin zu tiefer Enttäuschung und Traurigkeit. Ebenso gab es verschiedenste Reaktionen von Passivität und Leugnung.

So ist mir die Aussage von einem Kollegen in Erinnerung geblieben, der halb im Scherz meinte: „Na ja, vielleicht vergessen die uns ja!" Die Hoffnung, dass die Übernahme doch nicht zustande käme oder sich das Problem einfach über Nacht wieder in Nichts auflösen würde ging einher mit der Hoffnung, dass auch ein neuer Job aus dem Nichts auftauchen würde. Was mich damals sehr gewundert hat, war, dass sich die meisten Mitarbeiter förmlich aus der Verantwortung gezogen haben, frei nach dem Motto: Die Firma wird sich schon kümmern.

Für mich persönlich war die Passivität der Mitarbeiter zunächst völlig unverständlich. Meine Appelle an die Selbstverantwortung halfen natürlich wenig. „Werden Sie am besten selbst aktiv und beginnen Sie gleich mit der Jobsuche.“ Ich habe damals gelernt, auf keinen Fall von sich selbst auf andere zu schließen. Jeder verarbeitet diesen Stress anders und in einem anderen Tempo. Mir hätte es damals sehr geholfen, wenn ich mit dem Verlauf der Change-Kurve besser vertraut gewesen wäre.

Ich hätte viele Reaktionen meiner Mitarbeiter schon zu Beginn weniger persönlich genommen – so musste ich das alles erst über die Monate lernen. Ich wurde damals von Tag zu Tag mit anderen emotionalen Reaktionen überrascht. Einmal war es diese Passivität, die mich wunderte, dann wieder kamen Mitarbeiter ins Büro und ließen ihren Frust bei mir ab. Das alles erst einmal nicht persönlich zu nehmen, war eine echte Lernaufgabe und es ist mir zugegebener Maßen nicht immer perfekt gelungen.

Ich habe im Verlauf der Wochen gelernt, dass das wichtigste Führungsinstrument nicht darin besteht, Lösungen und Informationen anzubieten, sondern darin, sich für jeden einzelnen Mitarbeiter immer wieder Zeit zu nehmen und sich mit ihm in Ruhe zusammenzusetzen: „Das sind jetzt die Veränderungen, die nicht immer leicht zu verkraften sind. Aber wie kann ich Ihnen helfen, wie kann ich Sie unterstützen? Was sind Ihre ganz persönlichen Sorgen?“ Vor allem habe ich mir erst einmal nur angehört, was der Mitarbeiter zu sagen hatte und – wie gesagt – nicht direkt 15 Lösungsvorschläge präsentiert. Das zu verstehen, hat ein paar Anläufe gebraucht.

Zu Beginn war das Schwierigste für mich, ohne Informationen dazustehen und trotzdem Ansagen machen zu müssen. „Wir sind als Firma gekauft worden. Dies ist ein Fakt und den gilt es zu akzeptieren. Ich kann Ihnen jetzt nicht versprechen, dass jeder einen neuen Job bekommt, aber ich kann Ihnen versprechen, mich dafür einzusetzen, dass möglichst viele Angebote zustande kommen.“

Selbst wenn es nicht besonders viel Neues zu verkünden gab, ging ich dazu über, die Mitarbeiter regelmäßig für ein paar Minuten zu Einzelgesprächen einzuladen und sie auf den neuesten Stand zu bringen. Das konnte manchmal auch bedeuten: „Eigentlich gibt es nichts Neues, aber ich bleibe dran!" Das Wichtigste war, zu kommunizieren und vor allem für Kommunikationsgerechtigkeit zu sorgen, d. h., es sollten wirklich alle auf dem gleichen Wissensstand sein. Sonst wären unnötig Gerüchte und Eifersüchteleien entstanden. Gerade in solchen kritischen Situationen musste ich mir immer wieder vor Augen führen, dass alle Blicke auf mich gerichtet waren. Wie benahm ich mich? Wie führte ich? Was sagte ich zu wem und was sagte ich nicht?

Auch sollte man als Führungskraft realistisch genug bleiben und sich bewusst sein, dass man eine solche Situation nicht perfekt meistern kann. Ich konnte mein Bestes tun, aber eben nicht alle Fehler und Schwachstellen kompensieren, die ein solches Übernahmeverfahren von Natur aus mit sich brachte. Mit der Erfahrung von heute ärgere ich mich nicht mehr über Fehler, die gemacht werden; ich rechne einfach damit, dass sie auftreten können. Es werden immer Fehler gemacht. Von ganz oben. Von mir selbst.

Fehler entstehen selten objektiv, sondern zumeist aus der Perspektive eines Betrachters. Ich konnte es in solch einer Situation nie allen recht machen, auch wenn ich mich noch so bemühte. Ich betrachte eine solche Situation heute besser als ein Lernfeld und die Fehler, die gemacht wurden, als Helfer.

Man darf nicht vergessen, dass man immer auch Mitarbeiter hat, die besonnen und klug mit einer solchen Situation umgehen. Nicht alle waren verzweifelt. Eine ältere Mitarbeiterin zum Beispiel, die sich leicht hätte zurücklehnen und jammern können: „Jetzt bin ich über 50 und zu alt. Wer wird mich jetzt noch nehmen?"

Sie hat sofort das Coaching-Angebot angenommen, ihren Lebenslauf überarbeitet und mit ihrer Bewerbung begonnen. Und zwar erfolgreich. Am Ende haben achtzig Prozent der Mitarbeiter ein Übernahmeangebot bekommen.

Noch etwas haben wir gut hinbekommen. Vielleicht hat uns während dieses Prozesses geholfen, dass wir als Team in den Jahren davor einige gute Teambuilding-Maßnahmen gemacht hatten. Wir haben uns ein richtiges Abschiedsritual gegönnt und bei unserem Lieblingsitaliener ein rauschendes Abschiedsfest gefeiert. Das wirklich Schöne ist, dass es bis zum heutigen Tage – und das Ganze ist schon sieben Jahre her – einen Ehemaligenklub gibt, der sich ab und zu trifft und wohl immer noch ein schöner Zusammenhalt existiert.

Was würde ich heute auf jeden Fall anders machen? Nicht nur meinen Mitarbeitern, auch mir selbst mehr Hilfe anbieten. Nicht versuchen, alles tapfer und allein durchzustehen. Diese neun Monate Dauerstress und Ausnahmezustand waren nicht nur für das Team, auch für mich selbst und für die eigene Familie enorm anstrengend. Es ist eine große Erleichterung, wenn man seine Ängste und Sorgen mit einer neutralen und außenstehenden Person besprechen kann. Es geht darum, den Prozess neutral zu begleiten.

Auch die bloße Ankündigung einer Veränderung kann den VUCA-Grad im System erhöhen und unter Mitarbeitern zu großen Verunsicherungen führen – erst recht, wenn diese dann nicht erfolgen. Das gilt übrigens nicht nur für die Ankündigung negativer, sondern auch positiver Veränderungen. Auch hierzu ein kurzes Beispiel.

Praxisbeispiel: Ankündigungen ohne Folgen

Bei Antritt meiner Tätigkeit als Geschäftsführer wurde vom Europachef verlautbart, dass der Außendienst um fünfzig Prozent erweitert werden soll. Diese Nachricht wurde mit Begeisterung aufgenommen und in Windeseile machten sich bei vielen verständlicherweise Karrierehoffnungen breit. Es wurde plötzlich überall spekuliert und geraten, geplant und optioniert. Nicht nur, dass ich auf dem neuen Geschäftsführerposten gleich zu Beginn mit der Umsetzung diverser Umstrukturierungsmaßnahmen beginnen musste, was von Natur aus immer auch heißt, dass Mitarbeiter Angst davor haben, dass personelle Veränderungen und damit Kündigungen ins Haus stehen.

Zugleich wurden neue Stellen angekündigt, was die Verunsicherung für viele Beteiligte komplettierte. Die Ankündigung des Europachefs stand im Raum, alle waren erwartungsvoll, doch es tat sich nichts. Zwar gab es bereits die ersten Bewerbungsverfahren, doch alle Aktionen liefen ins Leere. Es wurde schlicht und ergreifend nicht mehr darüber geredet. Auch mit mir nicht. Zwei Monate später teilte man mir endlich mit, dass die Aufstockung wohl verschoben werden würde. Über einen Zeitpunkt könne man nichts sagen. Das operative Geschäft gehe vor.

Ungeachtet dessen wurde ein Planungsmanager beauftragt, aus fünfzehn Außendienstgebieten schon einmal vierundzwanzig Gebiete zu „schneiden". Dieser Entwurf kostete den Planungsmanager drei volle Arbeitstage und führte zur Verzögerung der Einführung eines neuen CRM-Systems (Customer-Relationship-Management-System). Weitere Nachfragen ergaben auch einen Monat später keine signifikanten Veränderungen. Das operative Geschäft gehe gerade vor. Die Aufstockung sei nicht vom Tisch.

Zu einem genauen Zeitpunkt könne man noch nichts sagen. Natürlich kann es immer gute Gründe geben, Projekte nicht umzusetzen, aber man muss die Mitarbeiter informieren und irgendwann einmal Farbe bekennen. „Wir haben alles durchgerechnet, es war eine gute Idee, aber es geht nicht."

Was meines Erachtens überhaupt nicht geht, sind Ankündigungen, denen rein gar nichts folgt. Dieser Schwebezustand bestand bis zu dem Zeitpunkt, als ich die Firma wieder verließ. Gerade als Führungskraft musste ich eine Entscheidung für mich treffen, wie weit und wie lange ich solche Prozesse mittragen wollte, die in der Regel symptomatisch für andere Entscheidungsprozesse im Unternehmen sind. Was würde ich heute anders machen? Ich würde früher vom Senior Management eine schlüssige Erklärung einfordern und damit auch meine eigene Führungskompetenz stärken. Nur so kann ich Irritationen und Verunsicherungen im Team vermeiden und für meine eigene Glaubwürdigkeit sorgen.

Eine Krise kommt selten allein

Wir können uns zur selben Zeit in verschiedenen Veränderungsprozessen und -Phasen befinden. Sind wir, was die drohende Kündigung unseres Arbeitsplatzes betrifft, noch in der Schockphase, so können wir, was die Trennung von unserem Partner betrifft, aus dem größten Tief schon heraus und gerade in der Phase sein, wo wir den Mut haben, Neues auszuprobieren. Das vollständige Durchleben der einen Krise kann daher die nötige Kraft bringen, um die drohende neue Krise zu meistern.

Krisenkomplexität managen

Gibt es Phasen im Leben, in denen wir viele bedeutende Krisen auf einmal durchleben, kann uns das stark belasten und durcheinanderbringen. In Bezug auf unsere Arbeit stehen wir unter Schock, sind gelähmt, fühlen uns unfähig, etwas zu ändern. Im Hinblick auf unser Kind, das gerade selbst in der Pubertät eine schwere Krise durchläuft, sind wir wütend und zornig. Im Hinblick auf eine neue Liebe, die sich am Horizont auftut, haben wir die Probleme mit unserem früheren Partner fast schon wieder vergessen.

Lebens- und Führungserfahrung als Ressource

Zum Glück gibt es immer wieder Phasen, in denen die meisten Dinge rund laufen. Je älter ein Mensch wird, je öfter er Krisen und Veränderungsprozesse vollständig durchlaufen hat, desto erfahrener und gelassener wird er im Umgang mit den einzelnen Phasen einer Krise. Er weiß, was er zu tun hat, wenn er ins Zweifeln gerät, wenn er wütend ist oder spürt, dass er gerade in das „Tal der Tränen" gerät. Er weiß, dass Tränen und Trauer wichtig sind, um etwas Neues anzugehen. Er weiß, dass eine Phase der Niedergeschlagenheit und Depression vorübergehend sein kann.

Der resiliente Mensch hat gelernt, belastende Phasen nicht zu unterdrücken, sondern aktiv zu durchleben. Das bewusste Durchleben einer Krise kann das Leben intensiver, produktiver und am Ende auch glücklicher machen. Denn eine Krise ist auf Dauer nur dann wirklich schädlich, wenn wir in einer bestimmten Phase, etwa der Leugnung, der Wut oder der Trauer, stecken bleiben.

Dass uns viel Erfahrung auch in Sachen Führungszufriedenheit zugutekommt, belegt eine aktuelle Studie von Prof. Dr. Pelz vom Lehrstuhl für Internationales Management und Marketing an der Technischen Hochschule Mittelhessen. Die Studie hat gezeigt, dass es für eine gelungene Führung vor allem auf „die Erfahrung als disziplinarische Führungskraft" ankommt. Lehrmeister sind demnach nicht Ratgeberbücher oder Leadership-Theorien, vielmehr zählt allein die jahrelange Praxis. Die nachhaltige Zufriedenheit mit dem eigenen Führungsstil - als auch die Zufriedenheit der Mitarbeiter - stellt sich nach etwa zehn Jahren ein (Pelz, 2013).

Für junge Führungskräfte mag das einen langen Weg bedeuten, für die älteren einen Grund mehr für Entspannung und Gelassenheit darstellen. An welchem Punkt Ihrer beruflichen Führungslaufbahn Sie heute auch immer stehen mögen, Sie sind als Experte für Change- und Krisenmanagement auf die Welt gekommen und haben bereits eine Menge Erfahrung und Kompetenz gesammelt. Machen Sie sich dies immer wieder bewusst.

Veränderung als Konstante

Ob sich langsam eine Entwicklungskrise andeutet oder die Krise durch ein plötzliches, unvorhergesehenes Ereignis ausgelöst wird – das Leben konfrontiert uns immer wieder mit Veränderungsprozessen. Innere Haltungen und Einstellungen verändern sich, der Körper verändert sich, unsere Strategien, Reaktions- und Verhaltensweisen verändern sich. Diese freudvolle wie schmerzhafte Erfahrung bleibt uns auch im Wirtschaftsleben nicht erspart.

Firmen werden gegründet, blühen auf, werden wieder abgebaut und gehen unter. Ein Prozess, den wir selbst heute immer öfter und schneller miterleben müssen. Als Führungskraft sind Sie ein mitgestaltender Teil dieses Prozesses und tragen Verantwortung für das damit verbundene Krisenmanagement.

Gestaltungskraft heißt, die Balance wiederherzustellen

Der Prozess des Loslassens und der Trennung im Zusammenhang mit Veränderungen bedeutet nicht, dass wir nur etwas verlieren, sondern dass wir immer auch etwas Neues dazugewinnen. So geht es bei der Anpassung an eine neue Lebens- und Arbeitssituation nicht primär darum, ein bestimmtes Verhalten komplett abzulegen oder sich von bestimmten Vorlieben vollständig zu trennen. Es geht vielmehr um Angemessenheit und das Finden einer passenden Balance. Um eine neue und passendere Balance herzustellen, können wir verschiedene Strategien nutzen.

- Wir können gegenwärtig dominierende Einstellungen und Verhaltensweisen reduzieren, verändern und anpassen.
- Wir können altes Verhalten und frühere Einstellungen reaktivieren.
- Wir können neue Einstellungen und Verhaltensweisen dazulernen.

Veränderungsarbeit findet meist auf all diesen Ebenen statt, wenn auch mit unterschiedlichen Gewichtungen. Wir steigern die Resilienz eines Systems durch die Schaffung von Varianz und dadurch, dass wir seine Handlungsalternativen und Wahlfreiheiten erhöhen.

Zu erkennen, wann und in welchem Kontext es von Vorteil ist, nach dem alten Muster zu handeln, und wann es von Vorteil ist, ein neues Muster zu entwickeln, macht Entscheidungskompetenz aus. Die Lösung liegt im Sowohl-als-auch-Prinzip. Es braucht altes und neues Verhalten.

Führung in Krisenzeiten heißt, Lernprozesse zu initiieren

Der schwierige Akt liegt darin, dass wir das Neue noch nicht kennen und nicht genau wissen, wie es in Zukunft weitergehen wird. Wir müssen uns auf einen Lern-, Erfahrungs- und Umgestaltungsprozess einlassen. Dieser beginnt mit dem Nicht-Wissen, dem Nicht-Verstehen, dem Nicht-Beherrschen, dem Nicht-Können, dem Nicht-Kontrollieren – im günstigsten Fall begleitet von dem Gefühl der Selbstsicherheit und des Selbstvertrauens, in der Lage zu sein, sich auf das Experiment Wandel einzulassen.

Die Lösung besteht darin, in die Suchbewegung zu gehen und nicht aufzugeben, wenn der erste Schritt nicht sofort den vollen Erfolg gebracht hat. Maßgeblich beteiligt sind immer Körper und Geist. Denn sie bestimmen, wie viel Freude am Neuen, wie viel Lernbegeisterung und Interesse an der Veränderung mit ins Spiel kommen dürfen. Als Führungskraft sind Sie aufgefordert, Resilienz zu fördern, indem Sie Mitarbeiter dabei unterstützen, entsprechende Suchprozesse einzuleiten. Sie können niemanden zu einer Veränderung zwingen, Sie können Mitarbeiter nur dazu einladen, wie es so schön heißt.

Die schönste Einladung sprechen Sie aus, indem Sie anderen zeigen, wie Sie sich selbst auf Veränderungen einlassen. Müssen oder wollen Sie als Führungskraft selbst nichts ändern, spüren dies Ihre Mitarbeiter.

Wollen Sie Ihre Mitarbeiter dazu anhalten, abends nach zehn Uhr keine E-Mails mehr zu lesen oder zu versenden? Ändern Sie zunächst Ihr eigenes Verhalten. Doch das eigene Verhalten zu verändern ist oft gar nicht so einfach, vor allem dann nicht, wenn wir mit Veränderungsprozessen konfrontiert werden, die uns unter Stress setzen. Warum wir uns mit der Entwicklung einer neuen Herangehensweise manchmal so schwer tun und was es braucht, damit uns Lern- und Anpassungsprozesse leichter fallen, sehen wir uns im nächsten Abschnitt an.

Reine Nervensache

„We make the world better, by making people safer."

Stephen Porges

Gibt es Change-Prozesse im Unternehmen, können wir bei einigen Mitarbeitern zu Beginn eine Zunahme von Stressreaktionen beobachten.

- Mitarbeiter spüren mehr Druck, sind empfindlicher und emotionaler. Es klappt mit der Kommunikation nicht besonders, Missverständnisse und Konfliktgespräche häufen sich.
- Sie erleben eine große innere Unruhe, andere fühlen sich wie gelähmt, neue Aufgabenstellungen oder Probleme kreisen in Endlosschleifen durch den Kopf.
- Sie können abends nicht einschlafen und tagsüber keinen klaren Gedanken mehr fassen. Von Lösungsorientierung im Umgang mit Konflikten und Problemen keine Spur.

Ein Beispiel aus unserer Coachingpraxis:

„Die Verkaufszahlen waren zu niedrig, die oberste Leitung machte Druck, seit Wochen fehlten wegen Krankheit und Urlaub drei wichtige Leute bei uns im Team. Alle waren leicht gereizt und im Dauerstress. Auch mein Chef reagierte im Meeting ungehalten und fuhr unvermittelt eine neue Kollegin an. Die begann daraufhin, sich die ganze Zeit für etwas zu rechtfertigen, woran sie keine Schuld trug. Mein Kollege, der eigentlich zuständig war, saß zusammengesunken da und sagte nichts. Keiner hatte den Mumm, sich gegen die haltlosen Vorwürfe unseres Chefs zu wehren – auch ich nicht. Wir hatten alle Angst davor, der Nächste zu sein, der fliegt."

Wir alle kennen diese Momente, in denen nichts so läuft, wie wir es uns wünschen. Anstatt witzig und kreativ zu sein, reagieren wir auf die Bemerkung eines Kollegen gereizt und unbeherrscht. Anstatt unsere Aufgaben konzentriert zu erledigen, laufen wir unruhig hin und her, unsere Gedanken drehen sich im Kreis und wir kommen mit der Arbeit nicht vom Fleck.

Vor allem nehmen wir bei uns und bei anderen eine deutliche Veränderung im Kommunikationsverhalten war die wir uns manchmal nicht erklären können. Um dieses Phänomen zu beschreiben, gibt es verschiedene Redewendungen:

- Mir geht etwas total auf die Nerven!
- Der Chef hat aber Nerven!
- Der Kunde zeigt ein starkes oder schwaches Nervenkostüm.
- Der Kollege hat eben ein dickes Fell.
- Die Kollegin ist aber auch so dünnhäutig.

Doch weshalb verlieren wir so leicht den Kontakt zu unserer Kreativität, wenn uns Dinge auf die Nerven gehen? Wieso reagieren wir unter Stress eher problem- statt lösungsorientiert? Und warum greifen wir, sobald Konflikte auftauchen, ausgerechnet auf alte Verhaltensmuster und solche Reaktionsweisen zurück, die eher dazu geeignet sind, den Konflikt zu verstärken, als dazu, ihn abzubauen?

Wichtige Antworten auf diese Fragen liefert uns ein Blick auf die faszinierende Welt unseres Nervensystems. Dessen Aufgabe besteht darin, Informationen über unsere Umwelt und über unseren Körper aufzunehmen und zu verarbeiten. Wir tun dies zum einen bewusst und willentlich mithilfe unseres somatischen Nervensystems, zum anderen unbewusst und unwillentlich mithilfe unseres autonomen Nervensystems.

Das Nervensystem - ein Anpassungskünstler

Durch das perfekte Zusammenspiel von somatischem und autonomem Nervensystem können wir uns unmittelbar auf unsere Umwelt einstellen und unseren Organismus dazu veranlassen, spontan, schnell und bestmöglich auf Veränderungen zu reagieren.

Ziel ist es, uns optimal an die jeweiligen Gegebenheiten anzupassen. Biologen und Soziologen sprechen auch von der Adaptionsfähigkeit des Menschen. In der Psychologie spricht man davon, dass der Mensch im Umgang mit alltäglichen Herausforderungen über ausreichende Wahlfreiheiten verfügt.

Zum Begriff der Adaption

Adaption = Anpassung
Mittellateinisch adaptatio, wird zu lateinisch adaptare.

Biologie: Anpassung des Organismus/ von Organen an die jeweiligen Umweltbedingungen, z. B. die Reaktion von Zellen oder Gewebe auf veränderte Umweltbedingungen oder das Einstellen der Sinnessysteme auf äußere Reize (Reaktionsfähigkeit der Augen, Wahrnehmung, Akustik und Verständnis, Elastizität des Bindegewebes).

Soziologie: Anpassung des Menschen an die soziale Umwelt. Anpassungsfähigkeit ist demnach eine den äußeren Umständen gemäße Verhaltensänderung von Lebewesen oder von Gesellschaften (z. B. innere Haltungen, Einstellungen, Verhalten).

Evolution: Die generationenübergreifende Anpassung von Lebewesen an eine veränderte Umwelt (z. B. genetische, gesellschaftliche und kulturelle Anpassung).

Die Adaptions-, also die Anpassungsfähigkeit des Menschen spielt bei der Entstehung und im Umgang mit Krisen eine entscheidende Rolle. Sie ist ein zentraler Schlüssel für die Entwicklung von Resilienz und damit von Widerstandskraft gegenüber Belastungen.

Stehen dem Menschen im Umgang mit Belastungen nur wenige Reaktionsmöglichkeiten zur Verfügung und ist er dadurch nicht in der Lage, sich adäquat an unterschiedliche Stress- und Belastungssituationen anzupassen, steigt seine Anfälligkeit für Störungen. Er wird geistig wie körperlich unflexibel, reagiert einseitig, ist auf wenige Reaktionsmuster fixiert und entwickelt schneller Stresssymptome. Schauen wir uns im Folgenden an, inwieweit uns unser somatisches und autonomes Nervensystem beim täglichen Stressmanagement und bei der Entwicklung von Resilienz und Widerstandskraft unterstützen.

Clever & Smart: Das willentlich gesteuerte (somatische) Nervensystem

Das somatische oder auch willentlich gelenkte Nervensystem ist der Teil unseres Nervensystems, mit dem wir unser Leben bewusst steuern. Es regelt unsere Außen- und Innenwahrnehmung, unsere Motorik und damit all unsere bewussten Bewegungen, außerdem die Art, wie wir Informationen verarbeiten, die Welt analysieren, wie wir planen und unser Leben willentlich gestalten. Auf neuronaler Ebene können wir mit unserem Kortex (Großhirnrinde oder auch Primatensystem) in jeder Hinsicht glänzen:

Wir sind im vollen Besitz unserer körperlichen und geistigen Kräfte. Wir können uns frei bewegen, haben den Kopf und all unsere Sinne frei für die Erledigung der wichtigen Dinge unseres Alltags. Wir nehmen wahr, was in und um uns herum geschieht, wir denken nach, analysieren, planen, sind kreativ, erschaffen neue Dinge, lösen Probleme und erledigen unsere Aufgaben. Wir können spontan sein, beweglich und flexibel.

Wir führen gute Gespräche, unterhalten uns gerne, sind geistreich, besitzen Witz, Humor und genießen das Leben in vollen Zügen. Wir haben eine Meinung zu den Dingen und wissen, wo wir stehen. Gut orientiert können wir jederzeit Position beziehen und uns leicht für etwas entscheiden. Und wir sind belastbar, besitzen Ausdauer, sind aufmerksam und können uns gut konzentrieren.

Wir sind uns unserer Fähigkeiten bewusst, wir haben Ideen, machen Pläne, entwickeln Ziele, arbeiten an kniffeligen Fragen und wir stellen uns unseren Problemen, die wir als spannende Herausforderung wahrnehmen. Uns geht es vor allem deshalb so gut, weil es auch unserem zweiten Teil des Nervensystems gut geht, dem autonomen oder auch vegetativen Nervensystem.

Clever & Quick: Das autonome (vegetative) Nervensystem

Nicht alle Systeme und Funktionen unseres Körpers werden über das willentlich gelenkte Nervensystem ausgeführt. Wichtige und existenzielle Vorgänge wie der Herzschlag, die Atmung, die Verdauung, das Wachstum oder die Fortpflanzung werden vom autonomen oder auch vegetativen Nervensystem gesteuert.

So können Sie zum Beispiel Ihren Herzschlag nicht direkt mit Ihrem Willen beeinflussen, sondern nur indirekt, indem Sie allgemein beruhigend wirkende Signale an das autonome Nervensystem senden. Dies können z. B. beruhigende Gedanken sein, auf die Sie sich konzentrieren, Bewegungen, die Sie ausführen oder Musik, die Sie zur Entspannung hören.

Das autonome bzw. vegetative Nervensystem ist auf neuronaler Ebene mit den Teilen des Gehirns verbunden, die stammesgeschichtlich älter sind: dem Stammhirn (oder auch Reptiliengehirn) und dem limbischen System (dem Säugetiergehirn). Durch das autonome Nervensystem werden die überlebenswichtigen Funktionen des Körpers ständig im Gleichgewicht gehalten und unser Überleben auch dann gewährleistet, wenn wir schlafen, bewusstlos sind oder uns im Alltag auf andere Dinge konzentrieren.

Das vegetative Nervensystem sorgt z. B. für das innere Gleichgewicht von Wasser, Elektrolyten, Nährstoffen und gelösten Gaskonzentrationen in der Körperflüssigkeit. Läuft diese Regulation störungsfrei, empfinden wir Lebensqualität, Wohlbefinden und Zufriedenheit. Zu den lebenswichtigen Funktionen, die durch das vegetative Nervensystem autonom reguliert werden, gehören die:

- kardiovaskuläre Funktion (Herzschlag),
- respiratorische Funktion (Atmung),
- urologischen Funktionen (Niere, Harn),
- reproduktiven Funktionen (Sexualorgane),
- Verdauung (Digestion),
- Augenmuskeln (Pupillenreaktionen),
- endokrine und exokrine Funktionen (Schweißdrüsen),
- der Stoffwechsel,
- das Blutgefäßsystem (Blutdruck).

Safety first: Die Kunst der Gefahrenabwehr

Eine zentrale Aufgabe kommt dem autonomen Nervensystem bei der Gefahrenabwehr und der Stressregulation zu. Es nutzt hierzu das perfekte Wechselspiel zwischen seinem sympathischen Anteil, der für die Mobilisierung des Körpers sorgt, und seinem parasympathischen Anteil, der für die Demobilisierung des Körpersystems zuständig ist.

Mobilisierung - Gefahrenabwehr durch den Sympathikus

Wir alle kennen den berühmten *Fight, Flight* & *Freeze*-Modus des Sympathikus. Dieser wird aktiviert, wenn unser autonomes Nervensystem eine Situation als gefährlich bewertet, z. B. bei psychischem Druck, Konflikten, dem Erleben von Angst, hohem Stress, Gefahr oder Unsicherheit. Schauen wir uns kurz an, was geschieht, wenn wir eine Situation als bedrohlich oder gefährlich wahrnehmen:

Phase 1: Aktivierung der Schutzmechanismen

Der Sympathikus aktiviert in einer Stresssituation, die wir als gefährlich oder bedrohlich empfinden, im Bruchteil einer Sekunde unser gesamtes Herz-Kreislauf-System und weckt damit unsere Kampf-, Flucht- und Schutzreflexe. Unsere Anpassungs- bzw. Adaptionsfähigkeit verändert sich und die Bandbreite unserer Verhaltensweisen wird zum Teil radikal reduziert. Wir schützen uns durch folgende Mechanismen:

- **Kampf:** Indem wir kämpfen und uns durch einen körperlichen oder verbalen Angriff verteidigen. Wir schimpfen z. B., werden laut, sind nicht mehr offen für die Argumente anderer und versuchen, kompromisslos unsere Meinung durchzusetzen.

- **Flucht:** Indem wir körperlich oder verbal die Flucht ergreifen. Wir verlassen z. B. ungehalten den Raum, schlagen Türen hinter uns zu oder beginnen, wie ein Wasserfall zu reden und uns zu rechtfertigen.
- **Erstarrung mit Muskeltonus:** Indem wir zwar innerlich aktiv und hellwach bleiben, aber körperlich und verbal erstarren. Wir gehen z. B. bei einem Meeting in die Beobachterposition, analysieren genau, was vor sich geht, sind aber still und verhalten uns möglichst unauffällig, bis sich eine heftige Diskussion und der damit verbundene Stress im Raum gelegt hat.

Phase 2: Stressabbau durch vollständiges Ausagieren

Während der Mobilmachung werden Stresshormone erzeugt. Diese werden normalerweise durch das Ausagieren der Stressreaktion abgebaut. Können wir unserem Stressimpuls nicht nachkommen, etwa weil uns aufgrund der sozialen Umstände Kampf- oder Fluchtreaktionen nicht möglich sind (wir sind in einem Meeting, haben einen Konflikt mit unserem Vorgesetzten etc.), ist es wichtig, verbleibende Stresshormone abzubauen. Dies geht nicht, indem wir über Probleme oder Konflikte nachdenken, dies geht nur über Bewegung.

Der ideale Stressabbau beginnt daher nicht mit Meditation, sondern erst einmal mit Aktion. Gehen Sie z. B. eine Runde um den Block, fahren Sie Fahrrad, joggen Sie oder machen Sie andere Formen von Sport. Gehen Sie erst dann dazu über, sich mit Entspannungstechniken zu beschäftigen.

Phase 3: Stressabbau und Regeneration durch den Parasympathikus

Sorgt der Sympathikus also für die Aktivierung unser Schutzreaktionen, so sorgt der Parasympathikus auf natürlichem Wege dafür, dass wir uns nach dem Kampf, der Flucht oder dem aktiven Innehalten wieder erholen, entspannen, regenerieren und die verlorene Energie erneuern können. Wir atmen tief durch, ruhen uns einen Moment aus, nehmen wieder Nahrung zu uns und sind bereit für die nächsten Herausforderungen.

Phase 4: Reflektions- und Lernphase

Haben wir eine stressige Situation erlebt, diese einigermaßen gut überstanden und uns weitestgehend wieder regeneriert, beginnen wir, das Geschehen zu reflektieren und zu verarbeiten. Hierzu suchen wir einen sicheren und geschützten Raum auf. Es kann sein, dass wir zunächst das Gespräch mit anderen Kollegen suchen oder aber gleich den Gesprächspartner sprechen möchten, mit dem wir das stressige Erlebnis hatten.

Besitzen wir eine vertrauensvolle Beziehung zu unserem Gesprächspartner, können wir bei einem Konflikt, nach dem Durchleben der Stressreaktions- und Regenerationsphase, wieder offen miteinander reden. Wir versöhnen uns, tauschen uns aus und versuchen zu begreifen, was geschehen ist. Im besten Falle entwickeln wir mit Hilfe des Gesprächspartners und des Feedbacks, das wir bekommen, Ideen und Strategien, die uns in Zukunft dabei helfen können, besser und stressfreier mit einer vergleichbaren Situation umzugehen. Wir haben eine unangenehme oder negative Erfahrung gemacht und beginnen nun, aus ihr zu lernen. Im Idealfall bauen wir gegenseitiges Vertrauen auf, erweitern unseren Erfahrungshorizont und unser Verhaltensrepertoire und so auch unsere Resilienz im Umgang mit Konflikten.

Demobilisierung - Gefahrenabwehr durch den Parasympathikus

Was geschieht, wenn wir eine Situation nicht nur als gefährlich, sondern sogar als lebensbedrohlich wahrnehmen? In diesem Falle kommt dem Parasympathikus eine zentrale Bedeutung zu. Bewerten wir eine Situation als so gefährlich, dass uns weder Kampf, Flucht noch die aktive Form des Innehaltens (Erstarrung mit Muskeltonus) hilfreich erscheinen, dann können wir – quasi als letzte Instanz – nur noch die Künste des Parasympathikus zur Gefahrenabwehr einsetzen: Dieser sorgt für eine blitzschnelle und extreme Demobilisierung, die wir als Ohnmacht oder - von Reptilien - als den Totstellreflex oder die Verhaltensstarre kennen, die mit einem sehr geringen Muskeltonus verbunden ist. Trauma-Therapeuten sprechen auch von dem so genannten *Shut Down*-Effekt.

Sobald die lebensgefährliche Situation vorüber ist, sorgt der mobilisierende Sympathikus des autonomen Nervensystems im Gegenzug dafür, dass wir wieder aktiv werden können. Die vermeintlich tote und erstarrte Maus kann, sobald die Katze für einen Moment abgelenkt ist, blitzschnell die Flucht ergreifen. Diese einfachste Art der Schutzfunktion ist bei den meisten Wirbeltieren zu finden. Leider ist diese allerletzte Schutzfunktion für den Organismus auch mit einem hohen Sterberisiko verbunden.

Im Berufsalltag kennen wir den Schutzmechanismus des Parasympathikus auch als ein Gefühl überwältigender Hilflosigkeit und Bewegungsunfähigkeit. Verbunden mit einem völligen Zusammenbruch, fühlen sich Mitarbeiter z.B. jeder Kraft entleert. Eine wichtige Funktion der Erstarrungsreaktion ist die Gefühllosigkeit. Schmerz und Belastungen werden nicht mehr wahrgenommen (Levine 2012). Die Belastbarkeit des betroffenen Mitarbeiters ist nachhaltig und stark eingeschränkt.

Kann sich der Mitarbeiter nicht mehr eigenständig aus der Erstarrung herausbewegen, benötigt er professionelle Unterstützung, z.B. durch einen Traumatherapeuten. Ein Trauma beschreibt entkräftende Symptome, die Menschen nach Erfahrungen erleiden können, die sie als lebensbedrohlich oder überwältigend wahrgenommen haben (Levine 2012). Trauma geht immer mit starkem Stress einher. Doch nicht jedes aufreibende Ereignis muss eine traumatisierende Wirkung haben!

Durch die Zunahme psychischer Belastungen am Arbeitsplatz spielt das Thema „Richtiger Umgang mit Traumatisierungen" eine stärkere Rolle als früher. Die oft schwierige Diagnose und spezielle Behandlung von Traumatisierungen gehört in professionelle Hände. Unternehmensleitung, Führungskräfte, Trainer und Coaches sollten sich dieser Tatsache immer bewusst bleiben. Es gilt die Grenzen des jeweiligen Kompetenzfeldes zu erkennen, diese zu respektieren und auf eine saubere Auftragsklärung achten.

Unser Kommunikationsverhalten unter Stress

Bereits der ganz normale, alltägliche Stress stellt hohe Anforderungen an unser Kommunikationsverhalten. Unter Stress werden wir impulsiver, spontaner, emotionaler und reagieren weniger überlegt: Strategisches Denken, Pläne schmieden, kreative Brainstormings, ausgewogene Diskussionen – all das ist weitestgehend tabu.

Und das macht Sinn. Denn rennt ein hungriger Löwe auf uns zu, können wir froh sein, wenn wir in Sekundenschnelle unsere Schutzreflexe mobilisieren und auf den erstbesten Baum klettern können. Notwendiger Weise greifen wir auf einfache und schnelle Strategien zurück, die auf einfachen und klaren Entscheidungskriterien beruhen:

- **Problemfokus:** Wir fokussieren unsere Wahrnehmung auf das Problem, den Feind und die Bedrohung, die von außen auftritt: Du bist schuld, weil du dieses getan hast oder gerade jenes von mir willst.
- **Generalisierungen:** Wir nutzen Verallgemeinerungen: Immer machst du, ständig sagst du, jedes Mal bist du.
- **Schwarz-weiß-denken:** Wir wechseln in den Entweder-oder-Modus und bewerten die Situation nach einfachen Mustern: Freund oder Feind, Leben oder Tod, gut oder böse, alles oder nichts.

Je schneller wir Klarheit über die tatsächlichen Umstände der Gefahrensituation erlangen, desto eher können wir unser System beruhigen, den Kopf wieder nutzen und damit die Bandbreite unserer Verhaltensweisen erweitern.

Erst ab der zweiten Sekunde, wenn die Sinneswahrnehmungen und komplexeren Informationen auch langsam unseren Kortex erreichen und dieser ausreichend Zeit bekommt, die Informationen zu überprüfen, wird die Erstreaktion unseres autonomen Nervensystems zur Gefahrenabwehr entweder revidiert und die Schutzreaktion abgebaut oder es kommt zu einer Aufrechterhaltung bzw. schrittweisen Erweiterungen der Schutzreaktionen.

Abbau der Stressreaktion. Wenn das Ergebnis der Bewertung also lautet: „Alles ist okay. Kein Grund zur Beunruhigung. Der genervte Gesichtsausdruck vom Chef galt nicht mir, sondern dem anderen Kollegen", werden die eingeleiteten Schutzmaßnahmen komplett wieder heruntergefahren und der demobilisierende Parasympathikus sorgt dafür, dass wir uns rasch beruhigen und entspannen. Mit der Beruhigung kann sich auch unser Kortex wieder voll einbringen, sich konzentrieren und nach wenigen Minuten mit der Arbeit dort weitermachen, wo wir gerade unterbrochen wurden.

Aufrechterhaltung der Stressreaktion. Ergibt die Bewertung der Situation jedoch, dass diese weiterhin gefährlich ist („Okay, der Chef ist tatsächlich sauer auf mich."), wird die Mobilisierung des Körpers durch den Sympathikus aufrechterhalten.

Praxisbeispiel: Sie haben doch keine Erfahrung!

Dass Ihr autonomes Nervensystem mit einer Lebensrettungsaktion beginnt, bemerken Sie zum Beispiel daran, dass Sie plötzlich unkonzentriert sind und keinen klaren Gedanken mehr fassen können. So kann man sich selbst manchmal in einem Teammeeting regelrecht dabei zuschauen, wie man Dinge sagt und macht, die man normalerweise nie tun würde. Oder man kann Dinge nicht mehr sagen, die einem sonst leicht über die Lippen gehen. Hier ein typisches Beispiel:

Sie sind in einem Projekt-Meeting mit Ihrem Chef und einem Kunden. Sie diskutieren über einige technische Softwareprobleme und Sie machen einen Lösungsvorschlag. Plötzlich fällt Ihr Chef Ihnen ins Wort. „Ach was, das haben wir noch nie so gemacht, Sie haben doch keine Erfahrung damit!" Eine Bemerkung, die Ihnen vielleicht sonst nur ein müdes Lächeln und ein kleines fachliches Scharmützel abgefordert hätte, bringt Sie im Zusammenhang mit dem Projekt, an dem Sie seit Wochen leidenschaftlich arbeiten, schneller als Sie denken können, auf die Palme. Denn die Bemerkung kommt nicht nur von Ihrem Chef, dem Sie sonst immer hundertprozentig vertrauen können, sie erfolgt auch noch in Anwesenheit eines Kunden!

Höchste Alarmstufe. Ihr Ruf ist in Gefahr. Ihre Arbeit, Ihr Ansehen, Ihre Position als Projektleiter – einfach alles. Und anstatt auf die Bemerkung Ihres Vorgesetzten spontan, schlagfertig und mit brillantem Witz zu reagieren, erleben Sie sich als sprachlos, überrumpelt, wütend oder sogar patzig. Ihr Puls geht in die Höhe, vielleicht laufen Sie rot an, mit einem Mal platzt Ihnen der Kragen. Sie schreien Ihren Chef vor versammelter Mannschaft an. Oder Sie werden hektisch, fahrig, unkonzentriert und rechtfertigen sich in endlosen Sätzen, bis Sie der Kunde schließlich mitleidig anschaut.

Wie auch immer Sie reagieren, die Reaktion hat Sie überrascht. Weder auf das Verhalten Ihres Chefs noch auf Ihr eigenes waren Sie vorbereitet. Wie konnten Sie nur so ungehalten werden, wo Sie doch für Ihre Souveränität und Gelassenheit bekannt sind? Später im Büro gibt es eine Aussprache.

Zum Glück verstehen Sie sich mit Ihrem Chef sehr gut. Er entschuldigt sich für seine Bemerkung. Er habe es doch nicht so gemeint, es sei ihm nur so rausgerutscht. Aber im Beisein des Kunden war es wirklich unprofessionell. Er stehe nur gerade so unter Druck, der große Auftrag, die ganzen Belastungen, die technischen Probleme.

Nach einer Weile beruhigt sich Ihr Puls, Sie können wieder Kontakt aufnehmen, zuhören, nachfragen, was denn los sei. Es kommt zu einem längeren Gespräch. Sie erhalten wichtige Informationen im Zusammenhang mit dem Projekt, an dem Sie arbeiten. Schließlich können Sie Ihr gutes Arbeitsverhältnis dazu nutzen, die Lösung für ein technisches Problem zu finden.

Sicher, man hätte auf jeden Fall schon vor dem Kundentermin darüber reden sollen. Doch es fehlte einfach an Zeit dafür. Wie kann man eine ähnliche Situation für die Zukunft vermeiden? Sie beschließen, sich wieder mehr Zeit für Abstimmungsgespräche zu nehmen und vereinbaren einen regelmäßigen Telefontermin.

Dank des vertrauensvollen Arbeitsklimas ist noch einmal alles gutgegangen. Der kleine Streit hat sogar dazu geführt, dass Sie mit Ihrem Chef in Zukunft noch enger zusammenarbeiten werden. Sie haben vielleicht einige wichtige Erfahrungen gemacht: Auch Ihr Chef ist nur ein Mensch. Sie werden in Zukunft damit rechnen müssen, dass er Dinge tut, die aus Ihrer Sicht unangemessen sind. Ihr Chef kann sich dafür entschuldigen und die Verantwortung für einen Fehler übernehmen. Davor haben Sie Respekt.

Ihr Chef ist vielleicht nicht perfekt, aber professionell genug, zu wissen, wie man mit Fehlern umgeht. Das gibt Ihnen eine Idee, wie Sie in Zukunft selbst mit Ihrem Team und Ihren eigenen Perfektionsansprüchen umgehen können. Vielleicht haben Sie am Ende durch den Konflikt sogar Ihre Arbeitsbeziehung vertiefen können. Ihr Chef hat Ihnen wichtige Informationen zukommen lassen, hat die Vertrauensbasis noch einmal erhöht. Sie und Ihr Vorgesetzter haben sogar Spaß dabei gehabt, gemeinsam nach einer Lösung für das technische Problem zu suchen. Sie konnten Ihr Fachwissen voll einbringen.

Das hat Ihren Chef beeindruckt und ihm am Ende des Tages zu der abschließenden und sehr ehrlichen Bemerkung veranlasst. „Wissen Sie, eigentlich wollte ich am Morgen im Meeting nur sagen, ich selbst habe derzeit einfach keine Ahnung von dem Projekt. Ich habe mich über mich selbst geärgert und hatte ein schlechtes Gewissen, dass ich Ihnen bei einigen technischen Fragen nicht so helfen konnte, wie ich es gerne getan hätte. Und nun habe ich einmal mehr gesehen, dass Sie es hervorragend können. Ich war wütend und enttäuscht über mich selbst und habe es an Ihnen ausgelassen. Das tut mir wirklich leid!"

Wenn wir chronisch unter Stress stehen

Das Nervensystem ist unablässig damit beschäftigt, Sinneseindrücke und Informationen, die es aus der Umgebung erhält, zu verarbeiten und daraufhin einzuschätzen, ob uns Gefahren oder Risiken drohen. Die Einstufung einer Situation als gefährlich oder lebensbedrohlich findet auf unbewusster Ebene statt, sodass unser Körper eine neurophysiologische Anpassungs- und Schutzreaktion (Kampf, Flucht oder Erstarrung) startet, lange bevor wir uns ihrer bewusst werden.

Ob wir eine Situation als gefährlich einstufen, ist abhängig von der objektiven Qualität der Bedrohung und der Qualität unserer subjektiven Wahrnehmung. Für den einen ist der Gegenstand, der im Schatten vor ihm auftaucht, eine bedrohliche Schlange, vor der er sinnvollerweise sofort erstarrt, für seinen neben ihm gehenden Kollegen, der den Weg aus einer anderen Perspektive betrachtet, stellt sich die Bedrohung als ein Ast dar, der kurz in Bewegung geraten ist, weil eine kleine Maus darunter durch gelaufen ist. Sofort lacht er über die flinke Maus und nennt seinen Freund scherzhaft einen Angsthasen, während dieser wiederholt tief Luft holen muss.

Ebenso relevant sind unsere Erfahrungen, die wir mit anderen Menschen, Dingen und Situationen gemacht haben. Als der Chef neu in der Firma anfing, haben ihn alle geliebt! Er hat das Ruder herumgerissen und mit seinen Ideen neuen Wind in die Abteilung gebracht. Inzwischen ist er für einige zum Stressfaktor Nummer eins geworden. Immer wenn er auftaucht, kommt er mit neuen Ideen, die sofort umgesetzt werden müssen.

Beispiel aus unserer Coaching-Praxis

„Die eine Aufgabe habe ich noch nicht erledigt, da kommt schon die nächste. Dann redet er stundenlang und hält mich von meiner Arbeit ab. Die Meetings, auf die ich mich vor einem halben Jahr noch riesig gefreut habe, bringen mich inzwischen total auf die Palme. Aber das Nervigste ist, wenn ich abends oder nachts noch E-Mails und SMS von ihm bekomme. Mein Chef kann keine Minute abschalten und ich auch nicht mehr. Aber was soll ich tun? Er ist nun mal mein Chef. Und ich mag ihn ja.

Er ist echt nett und ein genialer Kopf. Aber er nervt mich inzwischen ohne Ende und ich reagiere immer gereizter, wenn er etwas von mir will. Wenn er morgens um die Ecke kommt, dann weiß ich, dass ich gleich all meine Pläne für den Tag über Bord werfen kann. Wenn man so will, nehme ich ihn mittlerweile regelrecht als eine Bedrohung für meine Arbeit wahr. Die will ich schließlich erledigen und gut machen. Und Stress und Frust über meine unerledigte Arbeit nehme ich mit nach Hause. Fragen Sie mal meine Freundin, wie ich abends drauf bin."

Dieses Beispiel zeigt, dass es nicht immer die aggressiven und cholerischen Chefs sein müssen, die uns das Leben schwer machen und Stressreaktionen bei uns auslösen. Es können ebenso die netten, stets freundlichen, aber hyperaktiven oder die entscheidungsschwachen und untätigen Vorgesetzten sein. Kommen steigender Leistungsdruck, eine hohe Arbeitsbelastung und/oder persönliche Probleme dazu, stellen sich eines Tages eine oder auch mehrere Stressreaktionen ein. Diese beschäftigen uns dann nicht nur vorübergehend, sondern über einen längeren Zeitraum.

Viele Mitarbeiter gewöhnen sich an den Stress und an die damit verbundenen Symptome. Sie werden zu einem Teil des Arbeitslebens und der Jobbeschreibung. Sie werden eines Tages nicht mehr bemerkt oder gehören sogar zum guten Ton im Unternehmen. „Das ist normal. Das war schon immer so. Da muss man durch. Das gehört eben dazu, wenn ich diesen Job mache." Derjenige, der nicht gestresst wirkt oder über Stress klagt, arbeitet anscheinend nicht genug.

Eine Erfahrung, die wir immer wieder machen: Mitarbeiter und Kollegen, die z. B. nach dem Besuch eines Seminars oder Coachings beginnen, ihre Resilienz zu stärken und etwas gegen ihre Stresssymptome tun, werden schräg angesehen. Es werden vielsagende Blicke ausgetauscht und die Augen verdreht, wenn der Kollege pünktlich geht, um den Abend mit der Familie zu verbringen. Es wird hinter dem Rücken gesprochen, wenn die Kollegin plötzlich regelmäßig Sport treibt, beginnt, sich gesund zu ernähren und abzunehmen. Es fallen Bemerkungen wie „Na, gehst du schon?", „Ach, du kommst auch schon?" und die Einhaltung unausgesprochener Regeln wird eingefordert: „Also, ich gehe auch zur Arbeit, wenn ich krank bin. Ich lasse das ganze Team nicht hängen, nur weil mir mal der Rücken wehtut oder ich einen Schnupfen habe. Aber andere sehen das halt nicht so. Die machen eben Dienst nach Vorschrift."

Reagieren wir unbewusst mit Stress und Verteidigungsmechanismen auf Umwelteinflüsse, Situationen und Menschen, dient dies immer unserem persönlichen Schutz. Dieser Tatsache sollten wir uns bewusst sein, bevor wir über die ungewollten Nebenwirkungen urteilen, welche die für viele Menschen bereits chronisch gewordenen Stressbelastungen mit sich bringen.

Allgemeine Anzeichen von chronischem Stress

Kommt es am Arbeitsplatz zu chronischem Stresserleben, werden wir durch das eigene Verhalten und das der anderen stark verunsichert. Unsere mentale Leistungskraft nimmt ab, wir sind körperlich angespannt, es fehlen Ruhe und Regeneration.

- Wir verlieren die Kontrolle.
- Wir sind nicht mehr wir selbst.
- Wir reagieren übertrieben und unangemessen.
- Wir sind mit den Nerven am Ende.
- Wir erleben uns als viel zu emotional und unsachlich.
- Wir haben unsere Gefühle nicht im Griff.
- Wir sind unbeherrscht.
- Wir fühlen uns übermannt.

Körperliche Anzeichen von chronischem Stress

Die Idee der Gefahrenabwehr durch den Sympathikus ist nicht als Dauereinsatz vorgesehen. Vorgesehen ist ein angemessener Wechsel zwischen Mobilisierung und Demobilisierung, zwischen Anspannung und Entspannung, zwischen Anstrengung und Erholung. Fehlen aber die Phasen der Regeneration, kostet dies den Körper eine Menge Energie. Früher oder später kommt es erst zu leichten, dann zu immer stärkeren körperlichen Reaktionen. Zum Beispiel:

- Erschöpfung
- Müdigkeit
- Schlaflosigkeit
- Bluthochdruck
- Verdauungsstörungen
- Verlust der Libido
- Verspannungen
- Eingeschränkte Beweglichkeit

Mentale Anzeichen von chronischem Stress

Hinzu kommt, dass wir auch mental nicht in Bestform sind. Im Modus chronischer Selbstverteidigung geraten wir unter Dauerstress und können nicht mehr abschalten. Unser Kurzzeitgedächtnis leidet ebenso wie unser Langzeitgedächtnis. Wir können uns nicht lange auf die Arbeit konzentrieren, die generelle Aufmerksamkeitsspanne sinkt, wir sind schnell abzulenken – vor allem aber sind wir förmlich auf jene Gedanken fixiert, die mit unseren aktuellen Problemen zu tun haben.

- Die Gedanken kreisen durch unseren Kopf.
- Wir sind unkonzentriert.
- Unsere Fähigkeit für Problemlösungen sinkt.
- Es fehlt uns an Ausdauer und Geduld.
- Wir verallgemeinern, pauschalisieren, generalisieren.
- Wir können nur noch über das reden, was uns belastet.
- Wir entwickeln starre, unflexible und einseitige Denkmuster.

Verlust von Selbstwirksamkeit

Halten mentale und körperliche Stressbelastungen über einen längeren Zeitraum an, können wir unsere Arbeit nicht mehr wie gewohnt erledigen. Das Erleben von Selbstwirksamkeit nimmt ab. Hinzu kommt, dass sich bestimmte Gedanken und Gefühle immer wieder aufdrängen. Die Wahrscheinlichkeit, dass früher oder später ein Krisenerleben ausgelöst wird, steigt. Typische Gedanken dafür sind:

- Ich schaffe das nicht mehr länger.
- Ich bin völlig überfordert.
- Ich kann es nicht mehr aushalten.
- Ich breche bald zusammen.
- Ich tauge zu nichts mehr.

Langzeitfolgen chronischer Stressbelastungen

Körper und Geist sind in der Lage, Stress und Dauerbelastungen für eine sehr lange Zeit zu kompensieren. Die schlechte Nachricht ist: Auch diese Kapazität ist begrenzt und wir zahlen einen teuren Preis dafür. Mit:

- einem früheren Tod,
- Unzufriedenheit,
- chronischen Erkrankungen,
- Leistungsdefiziten,
- Erschöpfung,
- Demotivation,
- Burn-out,
- Depressionen,
- anderen psychischen Störungen.

Chronisches Stresserleben ist eine zentrale Ursache für den Verlust von Resilienz. Mentale und körperliche Beschwerden führen zu eingeschränkten Denk- und Verhaltensmustern. Viele der genannten Symptome schränken unsere Leistungs-, Bewegungs- und Handlungsfreiheit ein. Die allgemeine Widerstandskraft nimmt ab. Krisen können schneller entstehen und schlechter verarbeitet werden.

Kommen wir zur guten Nachricht: Wir können durch unser Verhalten eine Menge dazu beitragen, unser persönliches Stresserleben und das unserer Mitarbeiter erheblich zu reduzieren. Betrachten wir eine zentrale Strategie zum Aufbau von Resilienz sowie neuere Untersuchungen aus den Bereichen der komparativen Neuroanatomie und der Neurophysiologie.

Das System des sozialen Engagements

Der Professor für Psychiatrie und Biomedizintechnik, Prof. Dr. Stephen W. Porges, bietet im Umgang mit Stress- und Gefahrensituationen eine erweiterte Sicht auf die Beschaffenheit und Funktionsbreite des autonomen Nervensystems. Porges unterscheidet in seinem Konzept, das er nach über vierzig Jahren Forschungsarbeit in der Polyvagal-Theorie zusammengefasst hat, nicht wie üblich zwei, sondern drei getrennte neurale Schaltkreise des autonomen Nervensystems. Nach Porges steht dem Menschen ein dritter neuronaler Schaltkreis zur Verfügung, der es ihm erlaubt, auf belastende Situationen nicht nur defensiv (mit Kampf, Flucht oder Erstarrung) zu reagieren, sondern prosozial - mit Kommunikation, Selbstberuhigung und sozialem Engagement.

Im Laufe der Entwicklungsgeschichte haben Säugetiere, zu denen auch wir Menschen zählen, gelernt, Freund und Feind zu unterscheiden. Sie haben Gehirnstrukturen entwickelt, die sowohl das Defensiv- als auch das Sozialverhalten steuern. Dies ermöglicht ihnen u. a., innerhalb der sozialen Gruppe, in der sie leben, Stress durch Selbstberuhigung abzubauen, Emotionen zu zeigen und Konflikte durch ein erweitertes Kommunikationsverhalten friedlich und kooperativ zu lösen.

Neurozeption und die vorbewusste Wahrnehmung von Sicherheit sind nach Porges die zentralen Voraussetzungen für die Entwicklung prosozialer Verhaltensweisen (Porges, 2010, S. 30 ff.). Die folgende Grafik gibt einen Überblick über die drei neuronalen Mechanismen des autonomen Nervensystems in Zusammenschau mit dem somatischen Nervensystem.

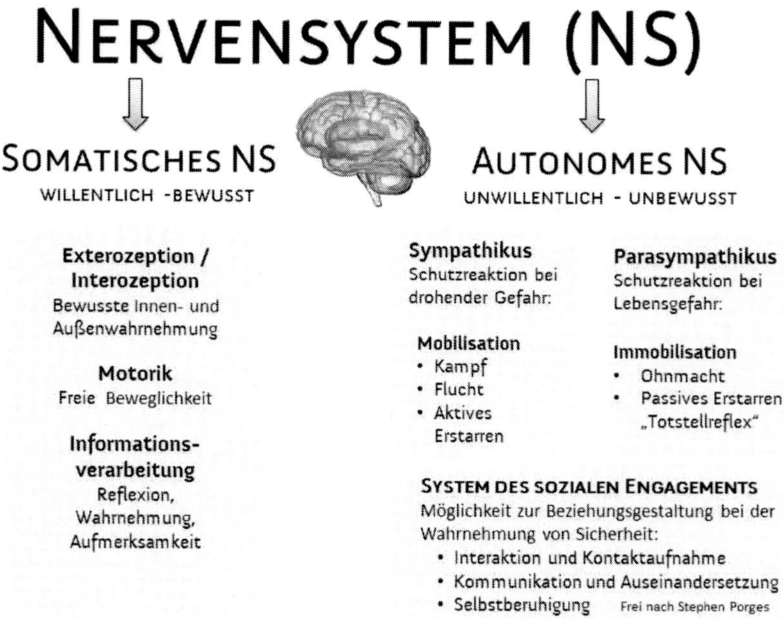

Quelle: Eigene Darstellung in Anlehnung an Porges (2010)

Aktiviert wird das Zusammenspiel der drei neuronalen Schaltkreise durch die sogenannte Neurozeption: Auf unbewusster Ebene schätzt das Nervensystem des Menschen permanent die Gefahrenlage in seiner Umgebung ein.

Je nachdem, ob es die Situation als gefährlich, lebensgefährlich oder sicher wahrnimmt, passt das Nervensystem das Verhalten des Menschen an seine Umgebung an. Die drei Adaptionsstrategien nach Porges sind:

- **Reaktion des Sympathikus bei Gefahr:** Empfindet der Mensch eine Situation als gefährlich, sorgt der Sympathikus für die Mobilisation des Körpers, verbunden mit einer aktiven Schutzreaktion (Kampf, Flucht oder Erstarrung mit Muskeltonus).
- **Reaktion des Parasympathikus bei Lebensgefahr:** Nimmt der Mensch eine Situation als lebensgefährlich wahr, reagiert der Parasympathikus im äußersten Falle mit einer völligen Demobilisation (Ohnmacht oder Erstarrung mit sehr geringem Muskeltonus).
- **Reaktion des Systems des sozialen Engagements bei Sicherheit:** Nimmt der Mensch eine Situation als sicher wahr, ist es ihm (auch in einer potenziellen Gefahrensituation) möglich, mit dem System des sozialen Engagements zu reagieren, sich selbst zu beruhigen, auf einen Konflikt oder Angriff mit sozialer Kommunikation und Interaktion zu reagieren. Das Gefühl von Sicherheit sorgt ebenfalls für die Ausschüttung des Neuropeptids Oxytocin, das für den Aufbau sozialer Beziehungen eine zentrale Rolle spielt.

Sicherheit schlägt Furcht

Die drei Subsysteme (System des sozialen Engagements, Parasympathikus, Sympathikus) des autonomen Nervensystems sind aufgrund der stammesgeschichtlichen Entwicklung hierarchisch organisiert und steuern in einer bestimmten Abfolge das unbewusst ausgelöste Verhalten des Menschen im Umgang mit potentieller Gefahr. Dabei ist das entwicklungsgeschichtlich jüngste System (das System des sozialen Engagements) in der Lage, das niedrigere, entwicklungsgeschichtlich ältere, zu hemmen (Sympathikus und Parasympathikus).

Umgekehrt bedeutet es, dass die Aktivitäten der niederen Schaltkreise (Sympathikus und Parasympathikus) verstärkt werden, wenn die höheren plötzlich funktionslos werden. Das System des sozialen Engagements kann zum Beispiel durch Dauerstress, ständige Reizüberflutung, bei Erschöpfungs- oder Burn-out-Syndromen nicht optimal aktiv sein. Übernehmen die niederen Anteile dann die überwiegende oder sogar komplette Steuerung des Stressverhaltens, nimmt der Mensch sein Leben als einen permanenten Überlebenskampf wahr.

Die Polyvagal-Theorie im Überblick

Der zweite Vagusnerv:

Der von Porges als System des sozialen Engagements (Social Engagement System) bezeichnete dritte Schaltkreis basiert auf einem weiteren, mit einer Myelinschicht umgebenen Zweig des Vagusnerves. Der zweite Vagusnerv steuert die quer gestreiften Muskeln des Gesichts und des Kopfes, wodurch unbewusst soziales Verhalten wie Mimik, Vokalisation und Zuhören ermöglicht werden. Ebenso kontrolliert dieser Vaguszweig die sympathische Aktivierung von Herz und Bronchien und ist in der Lage, beruhigende Verhaltenszustände einzuleiten, indem er den Einfluss des sympathischen, mobilisierenden Nervensystems hemmt.

Neurozeption:

Mit dem Begriff Neurozeption beschreibt Porges, wie das autonome Nervensystem durch unterbewusste Wahrnehmung unablässig unsere Umgebung danach einschätzt, ob für uns Risiken und Gefahren bestehen oder ob wir uns sicher fühlen können. Die Wahrnehmung von Sicherheit ist Voraussetzung dafür, dass wir uns beim Auftreten von Stress, Konflikten und negativen Emotionen selbst regulieren und uns durch prosoziales Verhalten optimal an die belastende Situation anpassen können.

System des sozialen Engagements:

Die Wahrnehmung von Sicherheit und das System des sozialen Engagements bietet dem Menschen ein breites, adaptives Verhaltensspektrum im Umgang mit Stress, Bedrohungen und der Gestaltung sozialer Beziehungen. Es ist zentral für die Entwicklung von Flexibilität, Anpassungsfähigkeit und einem resilienten, also situativ angemessenen Verhalten des Menschen. Dies gilt auch im Umgang mit Veränderungen, neuen Lebensumständen, Belastungs- und Krisensituationen, die als potenziell gefährlich angesehen werden können.

Sicherheit, Vielfalt und Resilienz

Das Gefühl von Sicherheit versetzt uns in die Lage, auf die Herausforderungen des Lebens- und Berufsalltags mit einem breiten Verhaltensspektrum zu reagieren und damit eine höhere Resilienz und Widerstandskraft im Umgang mit belastenden Situationen zu entwickeln.

Möglich wird dies durch das intelligente Zusammenspiel der drei neuronalen Schaltkreise nach dem Sowohl-als-auch-Prinzip. Fühlen wir uns in unserer Haut und in unserer Umgebung sicher, ermöglicht das evolutionsgeschichtlich jüngere System des sozialen Engagements das wechselseitige Erleben von insgesamt fünf physiologischen Zuständen, die Porges (2010, S. 299) wie folgt beschreibt:

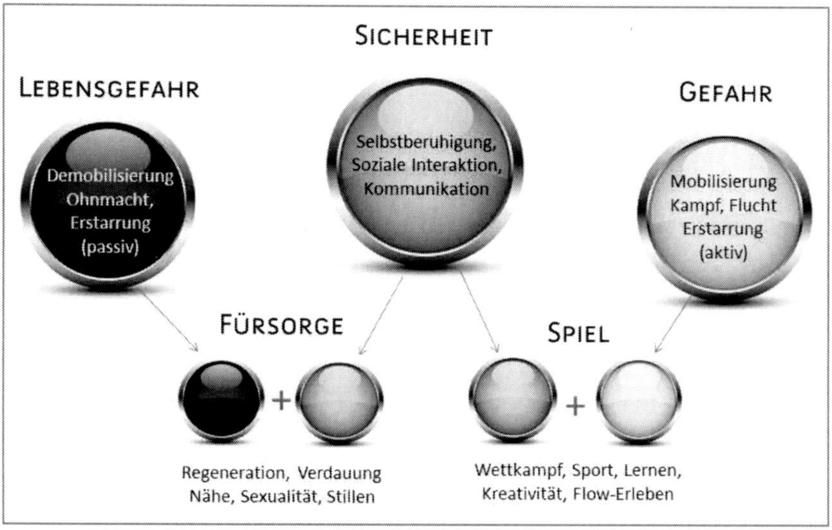

Quelle: Eigene Darstellung. Die fünf adaptiven Zustände des autonomen Nervensystems in Anlehnung an Porges (2010)

1. **Soziales Engagement bei der Wahrnehmung von Sicherheit:** Es ermöglicht dem Menschen, sich bei Stress selbst zu regulieren, soziale Bindungen zu vertiefen und Konflikte über eine positive soziale Interaktion zu lösen.

2. **Mobilisation bei der Wahrnehmung von Gefahr:** Schätzt das autonome Nervensystem eine Situation als gefährlich ein, wird über den Sympathikus der metabolische Umsatz erhöht. Schutzmechanismen, wie Angriff, Flucht oder Erstarrung (mit aktivem Muskeltonus) werden aktiviert.

3. **Immobilisation in lebensbedrohlichen Situationen:** Der metabolische Umsatz wird verringert, es kommt zu einer Verringerung der Bewegung bis zur Verhaltensstarre, Ohnmacht oder Dissoziation, in Erwartung des Todes oder bei schmerzhaften Verletzungen.

4. **Immobilisation ohne Furcht – die Kombination aus dem Gefühl von Sicherheit, sozialem Engagement und Demobilisierung:** Diesen Zustand, bei dem der beruhigende Parasympathikus und das System des sozialen Engagements zusammenwirken, dient dem Aufbau von Beziehungen und der Befriedigung der Vielfalt sozialer Bedürfnisse. Sie setzt ein beim Stillen, bei der Geburt, in der Sexualität oder bei Verdauungs- und Erholungsprozessen.

5. **Das Spiel – die Kombination aus dem Gefühl von Sicherheit, sozialem Engagement und Mobilisation:** Das Spiel beschreibt für Porges einen Hybridzustand, der Aspekte der Mobilisation und des sozialen Engagements kombiniert. Der Ausgangsimpuls für defensives Angriffs-, Flucht- oder Erstarrungsverhalten ist hier nicht die Bedrohung, sondern die Lust am Leben, Freude und Neugier.

Interaktionstraining bei der Resilienzförderung

Das Spiel zwischen Menschen ermöglicht einzigartige positive Erlebnisse, die wir z. B. bei Kindern vom Raufen und bei Erwachsenen vom Sport und von Wettkämpfen her kennen. Den Unterschied zwischen aggressivem und spielerischem Verhalten können Sie anhand bestimmter beruhigend wirkender Signale beobachten. Wird zum Beispiel beim Sport Spieler A durch einen Gegenspieler B verletzt, entschärft B die Situation dadurch, dass er an das System des sozialen Engagements von A ein Signal sendet, welches ihm sagt: „Tut mir leid, das war nicht mit Absicht!" A kann dann seine Wut oder den aufkommenden Ärger unterdrücken und mit B weiterspielen.

Diese Signale sind zum Beispiel *Face-to-Face*-Interaktionen wie Blickkontakt, kurzes Lächeln, Mimik, beschwichtigende Worte oder beruhigende Gesten. Umgekehrt können Reaktionen wie wortloses Weggehen oder Abwenden des Kopfes eine gewaltsame Reaktion hervorrufen und konfliktverschärfend wirken. Aus der Trainingspraxis wissen wir seit vielen Jahren, wie effektiv und hoch wirksam interaktive Trainingsansätze zur Resilienzförderung sein können.

Hirnforscher und Neuroanatomen wie Stephen Porges liefern uns mit ihren Forschungsergebnissen heute die wissenschaftlichen Hintergründe und geben wichtige Hinweise darauf, welche methodischen Ansätze und Interventionen wir für das tägliche Resilienztraining im Unternehmenskontext effektiv einsetzen und weiterentwickeln können. Gemeinschafts- und erlebnisorientierte Interaktionen stellen ein intuitives und äußerst wirksames Achtsamkeitstraining für Teams dar und gehören, neben dem Mental- und Körpertraining, zu einem wichtigen Trainingsansatz bei der Resilienzförderung.

Filter der Wahrnehmung

Die fünf physiologischen Zustände nach Porges sind zudem nicht nur als Folge eines adaptiven, d. h. anpassungsfähigen Verhaltens zu betrachten, sondern können auch als Filter für unsere gesamte Wahrnehmung von Objekten und Menschen dienen. Sind wir in einem stabilen Modus des sozialen Engagements, bewerten wir Stressoren in einem anderen Licht, als wenn wir uns selbst in einem Zustand innerer Mobilisation befinden (Porges, 2010, S. 299).

Beispiel 1: Unsere Wahrnehmung und Reaktion, wenn wir entspannt sind und uns sicher fühlen. Der Vorgesetzte kommt wütend und aufgeregt in unser Büro. Sind wir selbst entspannt und fühlen uns mit ihm sicher, dann bewerten wir die Situation vielleicht so: „Oh je, der hat bestimmt Ärger mit dem Kunden gehabt, weil die Lieferung noch nicht draußen ist! Mal sehen, ob ich etwas für ihn tun kann."

Beispiel 2: Unsere Wahrnehmung und Reaktion, wenn wir gestresst und verunsichert sind. Kommt der Chef wütend ins Büro und wir sind selbst gestresst oder verunsichert, weil wir gerade Probleme mit einem Projekt haben, kann die Reaktion völlig anders aussehen: „Oh je, sicherlich will er sich bei mir beschweren, dass die Lieferung noch nicht draußen ist. Meine Schuld ist das nicht! Das hat der Kunde doch selbst verbockt!"

Das gleiche Kontaktangebot des Vorgesetzten (Er kommt sichtlich aufgebracht und wütend in ein Büro.) kann einmal zu einer freundlichen Nachfrage führen: „Wie kann ich Ihnen helfen?", oder zu einem sozialhinderlichen Verhalten des inneren Rückzugs oder der Aggression: „Also ich habe damit nichts zu tun!"

Ursachen für Verunsicherung

Im Berufsleben haben wir es ständig mit Situationen zu tun, in denen Vorgesetzte, Kollegen oder Kunden versuchen, uns bewusst oder unbewusst zu verunsichern. Dafür gibt es aus der Sicht eines jeden gute Gründe:

- Sie wollen einen Vorteil aus einer Situation zu ziehen.
- Sie wollen Preise drücken, höhere Preise erzielen.
- Sie wollen eigene Interessen durchsetzen.
- Sie wollen besser dastehen als Ihr Kollege.
- Sie wollen Aufmerksamkeit bekommen.
- Sie wollen ein Lob erhaschen.

Wo Menschen zusammenkommen, finden Auseinandersetzungen statt. Es geht um die Aushandlung von Status, Rang, Positionen und Selbstdarstellung. Darüber hinaus wollen wir uns schlicht einbringen, mit all unseren Fertigkeiten und Kompetenzen. Es geht um das Erlangen eines überlebenswichtigen Gefühls: Selbstsicherheit. Das Gefühl von Selbstsicherheit enthält im Kern zwei Komponenten: die der äußeren und die der inneren Sicherheit.

Wir brauchen äußere Sicherheit. Sie gibt uns die nötige Kontrolle über unser Leben. Wir wollen alles im Griff haben, Ziele erreichen, Aufgaben erledigen, Einfluss ausüben und das Gefühl von Selbstwirksamkeit erleben.

Wir brauchen innere Sicherheit. Sie gibt uns die nötige Entspannung, innere Ruhe und Gelassenheit. Wir wollen unser Bestes geben. Wir zeigen, was wir leisten können, und tun Dinge, die einen tieferen Sinn ergeben.

Aber nicht nur Kollegen können uns verunsichern. Auch die Arbeitsbedingungen selbst können uns zu schaffen machen. In einer effizienzgetriebenen und eng durchgetakteten Arbeitswelt haben natürliche Regenerationsphasen keinen Platz mehr. Übermüdung, Konzentrationsmangel und körperliche Erschöpfung führen früher oder später zu Fehlern und einem Leistungsabfall. Wir können unsere Leistungsfähigkeit, vorhandenen Kapazitäten und Ressourcen nicht mehr richtig einschätzen. Unsere Planungskompetenz wird stark eingeschränkt, was nachhaltige Folgen für unsere Arbeitsorganisation hat.

Praxisbeispiel: Endlose To-do-Listen

Ein einfaches Beispiel bilden die täglich zu erstellenden To-do-Listen. Auf ihnen findet sich häufig eine Zusammenstellung aller möglichen, noch irgendwie zu erledigenden Aufgaben. To-do-Listen werden zu Wunschlisten. Der Wunsch, einmal alles „nach Plan" abarbeiten zu können, wird jedoch niemals in Erfüllung gehen. Es ist einfach zu viel zu tun. Immer wieder kommen neue Aufgaben hinzu, Pufferzeiten sind nicht eingeplant. Das Gefühl, mit der Arbeit nie fertig zu werden, übernimmt die Kontrolle und erzeugt neben hoher Frustration und Demotivation vor allem noch mehr Stress.

Wir verlieren über das Management von zu komplex gewordene Aufgabenstellungen eine Menge Kraft und Energie, die uns dann für die eigentliche Arbeit nicht mehr zur Verfügung steht. Die Folge: Wir werden unsicher, wissen nicht mehr, was wir uns noch zutrauen können oder nicht. Aus unserer Beratungspraxis, aber auch aus eigener Erfahrung wissen wir, dass wir im heutigen Kommunikationszeitalter schnell zum Verwalter endloser To-do-Listen, E-Mail-Postfächer, eingehender Short-Messages und Meetings werden.

Die eigentliche Arbeit bleibt liegen, Priorisierung verliert ihre Sinnhaftigkeit. Zwischen wichtigen und dringenden Aufgaben lässt sich kaum noch unterscheiden.

- Alles ist wichtig.
- Alles ist dringend.
- Alles muss sofort erledigt werden.

Mit der Arbeit fertig zu werden, alles zeitgerecht und zufriedenstellend zu erledigen, ist für die meisten Mitarbeiter nicht mehr möglich. Es fehlt schlicht an zusätzlichem Personal und an Delegationsmöglichkeiten. Selbst für Führungskräfte wird es zunehmend schwieriger, die komplexen Aufgabenstellungen zu überschauen, zu delegieren und zu kontrollieren.

Die Unsicherheit steigt. Die alten Arbeitsweisen funktionieren nicht mehr und neue Arbeitsweisen wurden noch nicht entwickelt. Die meisten Unternehmen, Führungskräfte und Mitarbeiter befinden sich inmitten einer Übergangszeit, ohne genau zu wissen, wie und wo es langgehen soll. Das Dilemma zwischen den Anforderungen der SSEE-World und den Herausforderungen der VUCA-World hat sie völlig im Griff.

Schenken Sie Sicherheit

Die beste Art, mit der Verunsicherung durch andere Menschen umzugehen, ist daher: Schenken Sie anderen Menschen ein Gefühl von Sicherheit. Schaffen Sie eine sichere Arbeitsatmosphäre. Werden Sie großzügig, wenn es darum geht, Mitarbeitern, Kollegen, Kunden, Freunden, Ihrem Partner, Ihren Kindern und Ihrem Nachbarn einen Moment echter Sicherheit zu vermitteln.

Werden Sie selbst stark, indem Sie andere Menschen stärken. Auf Fragen, wie Sie das im Einzelnen tun können, gibt Ihnen dieses Buch auf den folgenden Seiten zahlreiche Anregungen. Doch auf die Frage, ob Ihnen das immer im ausreichenden Maß gelingen wird, können wir nur von zu hohen Erwartungen an sich selbst abraten. Auch wenn wir es vermeiden möchten, werden wir selbst doch immer wieder Anlass für die Verunsicherung anderer sein. Damit müssen wir leben. Sicherheit entsteht in einem sensiblen Wechselspiel.

1. Sicherheit durch Vertrauen

Sicherheit erwächst aus dem Gefühl, mit möglicherweise auftretenden Gefahren gut umgehen zu können. Hierzu benötigen wir eine angemessene Selbsteinschätzung unserer Fertigkeiten, Talente und Kompetenzen. Selbstvertrauen bauen wir z. B. auf durch Erfolgserlebnisse sowie positive Erfahrungen und Rückmeldungen von Vorgesetzten und Kollegen. Unsere Selbsteinschätzung können wir stärken, indem wir mutig und direkt nach Feedback fragen.

2. Sicherheit durch Regeln, Routinen und Rituale

Zu wissen, woran man ist, gibt Orientierung und entlastet. Das Etablieren von regelmäßigen Meetings, festen Essens- und Pausenzeiten sowie bestimmten Ritualen zu Beginn oder zum Ende eines Arbeitstages gibt Menschen – gerade in Umbruchzeiten – schnell ein Gefühl von Zuverlässigkeit und Sicherheit.

3. Sicherheit durch Feedback und Austausch

Sicherheit entsteht, indem wir offen mit anderen Menschen in Kontakt treten und miteinander kommunizieren. Sie entsteht durch Zugewandtheit, klares Feedback, Wertschätzung, Freundlichkeit, Aufmerksamkeit und Toleranz gegenüber der Individualität des Einzelnen.

4. Sicherheit durch gute Rahmenbedingungen

Zu wissen, dass man im Team gebraucht wird, ist gut. Aber zu wissen, dass das Team auch gut für ein paar Tage ohne einen klarkommen kann, dass es Vertretungen und Backups gibt, erzeugt echte Sicherheit und bildet die Grundlage für Regeneration und Erholung, z. B. bei Krankheit oder Urlaub.

5. Sicherheit durch Struktur und Zuständigkeiten

Wer ist wofür zuständig? Wer entscheidet worüber? Wen kann ich ansprechen, wenn ich ein Problem habe? Zu wem kann ich gehen, wenn ich Hilfe benötige? Können Mitarbeiter diese Fragen schnell und klar beantworten, fällt es ihnen mit Sicherheit leichter, auf Krisen und unvorhergesehene Umstände zu reagieren.

6. Sicherheit durch Aufmerksamkeit und eine wertschätzende Kommunikation

Sicherheit erwächst aus der Einbindung in ein soziales System oder Versorgungsnetzwerk. Sie erhöhen das Gefühl von Sicherheit, indem Sie ein Gefühl von Wertschätzung und Fürsorge vermitteln. Nehmen Sie sich Zeit für ungestörte Gespräche, hören Sie zu, fragen Sie nach, interessieren Sie sich für Kollegen und Mitarbeiter. (Ausführlich hierzu und mit vielen praktischen Tipps für eine sichere und resilienzfördernde Kommunikation am Arbeitsplatz: Amann, 2014)

7. Sicherheit durch Werte und Visionen

Die innere Sicherheit wächst, wenn Mitarbeiter mit ihrem Unternehmen Werte und Visionen teilen können. Zu wissen, am richtigen Ort zu sein und die Sinnhaftigkeit seines Handelns zu erkennen, schafft eine tiefere Verbundenheit und Identität und gibt den erforderlichen Rückhalt – vor allem, wenn das Unternehmen selbst einmal eine Krise durchmacht und dem Mitarbeiter einiges abverlangt.

8. Sicherheit durch einen geschützten Raum

Sicherheit entsteht durch die Qualität der Umgebung, in der wir uns aufhalten. Wir fühlen uns sicher, wenn wir in einem geschützten Raum agieren, in dem wir ausprobieren sowie experimentieren können und in dem eine offene Lern- und Fehlerkultur herrscht.

9. Sicherheit, indem sie eine resiliente Unternehmenskultur fördern

Sie können keine Sicherheit am Arbeitsplatz garantieren. Sie können auch nicht garantieren, dass es keine Krisen und Probleme am Arbeitsplatz gibt. Aber Sie können durch einfache Strategien viel dazu beitragen, eine resiliente Kultur und damit eine die Sicherheit fördernde Arbeitsatmosphäre zu schaffen. Zu der Frage, wo diese Strategien ansetzen und wie Sie die Wahrscheinlichkeit erhöhen können, dass sich Mitarbeiter und Kollegen in ihrer Haut sicher und wohlfühlen, gibt die Resilienzforschung spannende Antworten.

Resilienz und das Bambus-Prinzip®

Getreu dem Bild „Sei wie ein Fels in der Brandung“ reagieren viele Menschen auf Konflikte, Druck, Stress oder unvorhergesehene Situationen mit großer innerer Anspannung. Sie nehmen die Sache sehr ernst, machen sich innerlich hart, verbarrikadieren sich und wappnen sich vor möglichen Angriffen. Es kommt zu einer Versteifung der Muskulatur, der Bewegungsapparat wird eingeschränkt, die Atmung gerät ins Stocken, kreative Lösungsideen werden blockiert, Kommunikations- und Reaktionsmuster sind von Stress geprägt, werden rigide, einseitig und starr (Amann, System & Körper, 2014).

Beweglichkeit, Elastizität, innere Spannkraft

Der Bambus steht seit jeher für eine gelungene Strategie im Umgang mit stürmischen Zeiten: Sich mit dem Wind wiegen, anstatt zu brechen. Der Bambus zeigt Beweglichkeit und Flexibilität, ist zugleich tief verwurzelt, stabil und standhaft. Mit dem Bambus-Prinzip® beschreiben wir daher zentrale Eigenschaften, die auch dem Menschen im Umgang mit Krisen, Problemen und Belastungen helfen können:

- Sei präsent, in Kontakt und durch ein stützendes Netzwerk gut verwurzelt.
- Kenne Deinen Standpunkt, sei dabei flexibel und beweglich zugleich.
- Gehe mit dem Wind, nicht gegen ihn.
- Richte Dich selbst wieder auf, wenn sich der Sturm gelegt hat.

Wie wichtig unsere Anpassungsfähigkeit für die Entwicklung von Resilienz ist, zeigen uns nicht nur die neuen Erkenntnisse der Polyvagal-Theorie nach Stephen Porges. Auch die Neurowissenschaften und die Embodiment-Forschung beschäftigen sich mit der Frage, inwieweit Flexibilität, Elastizität und innere Spannkraft die Resilienz von Hirn und Körper und damit unsere Widerstandskraft im Umgang mit Krisen positiv beeinflussen.

Resilienz und Neuroplastizität

Die Hirnforschung weist schon seit vielen Jahren darauf hin, dass wir in der Lage sind, uns bis ins hohe Alter hinein an neue Gegebenheiten anzupassen und zu verändern. Möglich macht dies die neuronale Plastizität des Gehirns, die heute als Grundlage aller Lernprozesse angesehen wird. Synapsen, Nervenzellen oder auch ganze Hirnareale können, je nachdem wie sie genutzt werden, ihre Eigenschaften ein Leben lang verändern und sich damit an neue Gegebenheiten anpassen. Ein solcher Anpassungsprozess ist z. B. notwendig, wenn es durch einen Unfall oder einen Infarkt zu nachhaltigen Verletzungen des neuronalen Gewebes gekommen ist.

Resilienz - ein lebenslanger Gestaltungsprozess

Neuroplastizität beschreibt einen spannenden Anpassungsprozess, der in zwei Richtungen verlaufen kann. Je nach Nutzung des Gehirns kann der Mensch im Verlauf seines Lebens nicht nur neue Verhaltensweisen dazulernen. Nach dem Motto „Use it or lose it!" können Verhaltensweisen auch wieder verlernt oder vergessen werden, z. B. durch einseitige Routinen, Gewohnheiten oder durch Unterforderung.

Nimmt die neuronale Elastizität und damit die Resilienz ab, so ist das Erleben von Selbstwirksamkeit eingeschränkt und der Mensch traut sich weniger zu. Ihm stehen weniger Handlungsalternativen zur Verfügung, er wird schneller verunsichert, sein Stresslevel steigt und es erhöht sich die Wahrscheinlichkeit, eine Situation als Krise zu erleben.

Die Schlüssel: Achtsamkeit und Aufmerksamkeitslenkung

Das Phänomen der Neuroplastizität ist der Grund dafür, dass im Kontext eines ganzheitlichen Resilienztrainings das Erlernen von Meditationspraktiken und Achtsamkeitsübungen eine wesentliche Rolle spielen. Wissenschaftler wie Daniel J. Siegel (2012) haben gezeigt, dass der Mensch durch gezielte Achtsamkeitsübungen Reflektionsprozesse anregen kann, die es ihm ermöglichen, seine Aufmerksamkeit neu auszurichten.

Hierdurch kann er im Umgang mit Stress und Problemen Schritt für Schritt produktivere Denk- und Handlungsstrategien entwickeln. Durch gezielte Aufmerksamkeitslenkung und ein regelmäßiges Achtsamkeitstraining können in jeder Lebensphase neue Schaltkreise im Hirn aktiviert und neue Hirnstrukturen geformt werden. Dies führt nach Siegel zu mehr neuronaler Elastizität (Resilienz), einer Steigerung des Wohlbefindens und zu mehr Empathie und Mitgefühl.

Unser Fasziensystem und die Geweberesilienz

„Der Körper ist die Bühne der Gefühle."
Antonio Damasio

Resilienz findet sich beim Menschen nicht nur auf neuronaler Ebene wieder. Auch unser Körper mit seinem Skelett, seinen Muskeln und vor allem seinem Bindegewebe ist ein Wunderwerk an Flexibilität und Anpassungsfähigkeit. Zentral für unsere innere Elastizität sind vor allem das Bindegewebe und unser Fasziensystem. Sie spielen bei der Entwicklung und Aufrechterhaltung unserer inneren Spannkraft eine entscheidende Rolle. Forscher sprechen in diesem Zusammenhang auch von Geweberesilienz.

Unser Bindegewebe (das Fasziensystem) durchzieht mit seinem Netz aus Taschen, Beuteln, Umhüllungen und Strängen – ähnlich wie Sie es z. B. beim Fruchtfleisch einer Orange beobachten können – unseren gesamten Körper. Es bildet das größte enervierte Sinnesorgan mit zahlreichen Sinnes- und auch Schmerzrezeptoren. Das gut durchfeuchtete Fasziennetz sorgt mit seinen dehnbaren, scherengitterartig angeordneten Kollagenfasern dafür, dass wir in alle Richtungen beweglich und flexibel sind.

Wenn die Geweberesilienz nachlässt

Durch Alterungsprozesse, aber vor allem durch Stress, Bewegungsmangel oder zu einseitige Bewegungen kommt es zu sogenannten Adhäsionen und Verklebungen. Das Fasziennetz verfilzt förmlich, der Mensch verliert an Elastizität und Spannkraft. Wir spüren dies z. B. durch Versteifung unseres Körpers, durch Verspannungen oder Rückenschmerzen (Müller & Schleip, 2011, S. 68 ff.).

So kann der Verlust unserer Geweberesilienz durch Stress und einseitige Bewegungsmuster dazu führen, dass wir uns Fehlhaltungen zur Gewohnheit machen, mit der Folge, unter körperlichen Verspannungen und Bewegungseinschränkungen zu leiden. Die Embodiment-Forschung hat gezeigt, dass unsere Denk- und Verhaltensmuster unmittelbar von unserer Körperhaltung beeinflusst werden. So zeigten Studien zu High-School-Absolventen, dass diese, nachdem sie über positive Examensnoten in Kenntnis gesetzt wurden, direkt eine aufrechtere Haltung einnahmen, die Studenten mit den schlechtesten Noten hingegen eine gebeugtere. Studenten mit Noten im mittleren Bereich zeigten keine Veränderung der Körperhaltung.

Weitere Studien ergaben, dass Menschen, die vor der Lösung einer Aufgabe acht Minuten in einer gekrümmten Haltung verbringen mussten, bei den Aufgaben schneller frustriert waren und weniger Durchhaltevermögen besaßen, als die Kontrollgruppe, die zuvor acht Minuten lang gerade sitzen musste. Dies zeigt: Einerseits verursachen negative Gefühle eine niedergedrückte Körperhaltung. Auf der anderen Seite kann die bewusste Einnahme einer aufrechten Körperhaltung unsere Emotionen und damit unsere Leistungsfähigkeit positiv beeinflussen (Storch, 2010, S. 44 ff.).

Unsere Widerstandskraft ist auch unmittelbar im Blut nachweisbar. So haben Untersuchungen der amerikanischen Psychologin Amy Cuddy gezeigt, wie die Haltung des Menschen die Qualität seiner Gedanken beeinflusst und umgekehrt. Cuddy (2010) wies in Experimenten nach, dass bei Menschen, die zwei Minuten lang eine besonders kraftvolle Haltung, eine sogenannte Power-Pose, einnahmen, der Spiegel des Stresshormons Cortisol im Schnitt um 25 Prozent sank und dafür der Testosteronlevel um 19 Prozent anstieg. Die Teilnehmer zeigten daraufhin ein ruhigeres, selbstsichereres und insgesamt souveräneres Auftreten – ein Ergebnis, das bei Männern und Frauen übrigens gleich war.

Resilienz – im wahrsten Sinne eine Frage der Haltung

Leiden Mitarbeiter, etwa aufgrund langjähriger Schreibtischarbeit, an chronischen Verspannungen und haben deshalb chronisch eine gebeugte Haltung angenommen, hat dies langfristig nicht nur einen Einfluss auf die körperliche Beweglichkeit, sondern auch auf die Anpassungsfähigkeit und Flexibilität des Denkens.

Ein zentraler Ansatz der integrativen Resilienzförderung nach dem Bambus-Prinzip® besteht daher darin, die körperliche Flexibilität und Beweglichkeit des Menschen durch interaktive und körperorientierte Trainingsansätze zu fördern.

Zum Begriff Embodiment

Embodiment wird im Deutschen mit Verkörperung oder Verleiblichung übersetzt. Der Begriff kommt aus der neueren Kognitionswissenschaft und besagt, dass Bewusstsein einen Körper benötigt und damit eine physikalische Interaktion voraussetzt. In der sozialen und klinischen Psychologie wird der Begriff verwendet, um die Wechselwirkung zwischen Körper und Psyche zu betonen.

Danach drücken sich psychische Zustände im Körper aus (z. B. als Gestik, Mimik, in der Stimmmodulation und der Körperhaltung). Umgekehrt beeinflussen Körperzustände die psychische Verfassung, sodass die Veränderung der Körperhaltung Auswirkungen auf unsere Gedanken, unsere Einstellungen, Emotionen und damit auch auf unser Sozial- und Kommunikationsverhalten hat (Storch, 2010).

Angewandte Resilienzförderung

Resilienzförderung erfolgt in einem Wechselwirkungsprozess, bei dem sich innere und äußere Schutzfaktoren gegenseitig beeinflussen. Die Resilienz einer Person wird durch ihre Veranlagungen, Talente und Eigenschaften ebenso geprägt, wie durch ihre tagtäglichen Erfahrungen, ihre inneren Haltungen, Einstellungen und ihre individuellen Bedürfnisse. Vorbilder und das Erleben von Selbstwirksamkeit spielen bei der Entwicklung von Resilienz eine ebenso wichtige Rolle, wie kreative Freiräume für die Entwicklung eigener Lösungsstrategien für die Bewältigung der täglichen Herausforderungen.

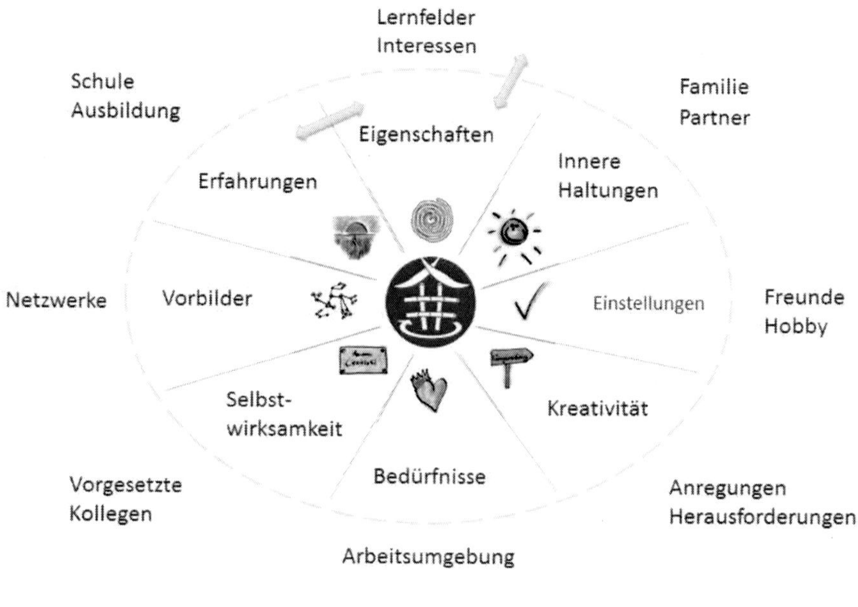

Resilienz und Anpassungsfähigkeit basieren auf der Wechselwirkung zwischen inneren und äußeren Schutzfaktoren. Quelle: Resilienz-Zirkel, eigene Darstellung

Leben und arbeiten wir in einem einseitigen, engen und rigiden Umfeld, benötigen wir andere Fertigkeiten für die Entwicklung unserer Resilienz, als in einem vielseitigen, offenen, sehr freien Umfeld. Für jeden Menschen und für jedes System ergeben sich im Rahmen der Resilienzförderung daher andere Entwicklungsthemen.

Die Entwicklungsthemen bei der betrieblichen Resilienzförderung

Die wichtigsten Entwicklungsthemen für den Aufbau einer resilienten Unternehmenskultur lassen sich wie folgt zusammenfassen:

- **Optimismus:** Positives Selbst- und Fremdbild, Kommunikationskultur und Potentialentwicklung.
- **Akzeptanz:** Realistisches Zeit- und Ressourcenmanagement, Arbeitsschutz und Arbeitsorganisation.
- **Lösungsorientierung:** Produktiver Umgang mit Schwachstellen, Innovation, Kreativität, Diversität.
- **Selbstregulation:** Regeneration, Selbstwahrnehmung, Achtsamkeit, Stressmanagement, emotionale Kompetenz.
- **Selbstverantwortung:** Entscheidungskompetenz, Volition (Willenskraft), Motivation, Selbst- und Mitarbeiterführung.
- **Beziehungsgestaltung:** Feedback und Konfliktmanagement, Kooperations- und Wertschätzungskultur, Selbstorganisation.
- **Zukunftsgestaltung:** Leitbildentwicklung, Visionen, Werte, Sinngebung, Karriere, Wechsel zwischen Makro- und Mikro-Planung.
- **Improvisationsvermögen:** Offenheit für Change-Prozesse, Entwicklung von Achtsamkeit und Präsenz, Prozessorientierung, Echtzeitlernen, Adaption, Flexibilität, Varianz, Mikroplanung und Optionsmanagement.

Die vier Ansätze der integrativen Resilienzförderung

Bei der Resilienzförderung nach dem Bambus-Prinzip® fördern wir die Flexibilität, Beweglichkeit und Elastizität eines Menschen bzw. einer Organisation auf vier verschiedenen Ebenen: mental, körperlich, im Zusammenspiel mit den beteiligten Personen und im Hinblick auf den konkreten Kontext, in dem eine Stärkung der Resilienz gewünscht ist. Bearbeitet werden dabei z. B. folgende Fragestellungen:

Kontext – Die Wahrnehmung von Sicherheit

Wie viel Sicherheit finden wir in unserem Arbeitskontext? Wie klar, verständlich und eindeutig sind unsere Arbeitsaufträge? Wie positiv wirken die Arbeitsumgebung und das Umfeld, in dem wir arbeiten, auf uns? Wo finden wir ungenutzte Ressourcen, die aktiviert werden können? Welche Unterstützung und Förderung erfahren wir durch unser Netzwerk am Arbeitsplatz, durch Kollegen, Mitarbeiter und Vorgesetzte? Worauf richten wir unsere Aufmerksamkeit? Wie problem- oder lösungsorientiert gehen wir vor?

Interaktion – Beziehungen und dynamische Stabilität

Wie gut bin ich positioniert? Wie fließend läuft die Zusammenarbeit innerhalb des Systems? Gibt es Reibungsverluste und Konfliktpotentiale? Wie transparent sind unsere Kommunikationsstrukturen? Wie können Workflow und Arbeitsorganisation verbessert werden? Wie viel Stabilität, Orientierung und zugleich Autonomie und Beweglichkeit erleben wir durch unsere Führungskultur? Sind Zuständigkeiten und Verantwortlichkeiten klar geregelt? Wie flexibel können wir in Krisenzeiten von Vorgaben abweichen und uns selbst organisieren?

Mindset – Fähigkeit zur situativen Anpassung

Über welche resilienten Haltungen und Einstellungen verfüge ich? Wie festgefahren oder aber flexibel und anpassungsfähig sind die Denkweisen, Verhaltensmuster und Routinen in unserem Team? Wie einschränkend oder aber Raum schaffend sind die – oft unausgesprochenen – Leitbilder und Leitsätze, nach denen im Unternehmen gearbeitet wird? Teilen wir im Unternehmen Werte und Visionen? Können wir die Sinnhaftigkeit unserer Arbeit erkennen?

Embodiment – Entwicklung der inneren Spannkraft

Wie wird Resilienz im System verkörpert? Wie verspannt und verhärtet oder aber wie vital und beweglich ist das System, mit dem und in dem wir arbeiten? Wie wohl und produktiv fühle ich mich? Wie aktiv bin ich? Wie viel Einfluss nehme ich selbst auf die Gestaltung meines Arbeitsplatzes? Wie gut sorge ich für mich? Wie gut sorgen wir für unsere Mitarbeiter? Geben wir ausreichend Raum und Zeit für Anpassungs- und Regenerationsprozesse?

Der achte Faktor: Improvisation

Ausführlich beschrieben wurden in der deutschsprachigen Literatur zur Resilienzförderung bislang die ersten sieben Resilienzfaktoren (z. B. Rampe, 2005; Gruhl, 2009). Einen ausführlicheren Blick werden wir im folgenden Kapitel daher auf den achten Faktor unseres Resilienz-Zirkels werfen: die Improvisation. (Zur Vertiefung der acht Resilienzfaktoren und zum Resilienz-Zirkel-Training nach dem Bambus-Prinzip® empfehlen wir „Resilienz“ von Amann, 2014).

Wie wir weiter oben gesehen haben, spielt das Improvisationsvermögen – insbesondere bei der Resilienzförderung im Unternehmenskontext – eine entscheidende Rolle. Unser Improvisationstalent bringt wie kein anderer Faktor die zentralen Aspekte der Resilienz auf den Punkt:

Flexibilität und Anpassungsfähigkeit bei Erhalt der inneren Spannkraft. Unser Improvisationstalent ist maßgeblich für den Erhalt von Widerstandsfähigkeit und Souveränität im Umgang mit Krisen und dem Unvorhergesehenen. Wie wir im nächsten Kapitel noch ausführlicher sehen werden, finden sich Führungskräfte und Mitarbeiter in der VUCA-World kaum zurecht, ohne

- den Mut aufzubringen, auf Basis der vorliegenden Daten und Umstände, spontane Entscheidungen zu treffen,
- die Bereitschaft zu entwickeln, Risiken einzugehen und
- eine produktive Fehlerkultur zu pflegen.

In einer Arbeitswelt, in der wir es permanent mit dem Neuen, Unberechenbaren und Unvorhersehbaren zu tun haben, benötigen wir Kontrollmechanismen, jenseits von Aktionismus, Stress, Panik, Lähmung und Untätigkeit. Wir benötigen Inspiration, Gelassenheit und die optimale Mischung aus Kompetenzen, fachlichem Können und kritischen Herausforderungen – wir benötigen *Flow*.

Improvisation – die Königsdisziplin

Die gute Nachricht ist, dass Sie im Umgang mit Stress und dem Ungewissen mehr Resilienz entwickeln können, indem Sie Ihr Improvisationsvermögen und das Ihrer Mitarbeiter bewusst aktivieren. Das Improvisationsvermögen ist eine der Königsdisziplinen, die uns dabei hilft, die Balance zwischen den Anforderungen der VUCA- und SSEE-World herzustellen.

Auch wenn man auf den ersten Blick meinen könnte, dass die Improvisation allein der VUCA-World entspringt, besteht die Kunst der Improvisation genau darin, ebenso wichtige Qualitäten der SSEE-World zu beherrschen. Sie werden für sich und Ihre Mitarbeiter nur dann einen guten Rahmen für professionelle Improvisation schaffen können, wenn Sie in der Lage sind, neben Offenheit, Spontanität, schneller Reaktionsfähigkeit und Ideenreichtum, auch

- ein Mindestmaß an Stabilität und Berechenbarkeit für Ihre Mitarbeiter zu garantieren,
- ein Arbeitsklima zu schaffen, welches von Sicherheit und Vertrauen geprägt ist,
- einfache und nachvollziehbare Regeln für die tägliche Arbeitsorganisation zu etablieren und
- für ein klares und eindeutiges Verhalten aufgrund von permanenten Feedbackschleifen zu sorgen.

Ihr Improvisationsvermögen basiert auf Mut, Vertrauen und Routinen: Mut, um sich dem Ungewissen zu stellen. Vertrauen in Ihre eigenen und in die Fähigkeiten anderer. Und Routine im offenen, freien und kreativen Umgang mit neuen Ideen und Vorhaben.

Improvisation - ein Kunsthandwerk

Die Kunst der Improvisation steht für ein authentisches Handeln in der Gegenwart, für die unmittelbare Vereinigung von Vergangenheit und Zukunft und ein Handeln aus dem Moment heraus. Die Kunst der Improvisation steht für ein hohes Maß an Können, für Passion, Leidenschaft und eine hohe Form des Selbstausdrucks. Sie können im Team nur dann auf einem hohen, professionellen Niveau improvisieren, wenn Sie sich auf ein – für viele noch sehr ungewohntes – Maß an gegenseitigem Vertrauen, Wertschätzung und Zuverlässigkeit einlassen.

Sie können die hohe Kunst der Improvisation und des freien Spiels ebenso für sich kultivieren, wie die hohe Kunst der Planung oder der Komposition. Es geht bei der Entwicklung unserer breitgefächerten Fähigkeiten und Kompetenzen nicht um ein Entweder-oder, ein Richtig-oder-falsch, sondern lediglich um das Sowohl-als-auch. Besser ist allein die Strategie, die für den Moment und die spezifische Aufgabenstellung die passendere ist.

Übung macht den Meister

Wir können immer dann gut improvisieren, wenn wir ausreichende Vorkehrungen getroffen haben und gut vorbereitet sind. Improvisation basiert auf Übung, auf Erfahrungen, auf Training. Je mehr Verhaltensmuster und Handlungsroutinen Sie und Ihre Mitarbeiter frei abrufen und kombinieren können, desto besser können Sie auf unerwartete Herausforderungen reagieren.

„Improvisation, das ist, wenn niemand die Vorbereitung merkt."

François Truffaut

Das Paradoxe ist: Der Moment, in dem Sie Ihre Improvisationsfertigkeiten am dringendsten brauchen, ist (meist) der schlechteste Zeitpunkt, um sie zu trainieren. Denn unter Zeitdruck, großer Anspannung, Leistungsdruck und bei hohem Stresserleben entwickeln Sie keine neuen Routinen und Verhaltensweisen, die Sie später immer wieder erfolgreich abrufen können. Auch für Profi-Musiker, -Tänzer oder Improvisationsschauspieler gilt, eine professionelle Arbeit basiert auf Proben und regelmäßigem Training.

Improvisation lebt von Erfahrung

Menschen mit einer hohen Lebens- und Berufserfahrung wirft so schnell nichts mehr um, denn sie sind auf viele Eventualitäten gut vorbereitet. Dies bedeutet für unseren Beratungs- und Trainingskontext: Die Klienten und Seminarteilnehmer erlernen in einem sicheren Trainingsrahmen die Regeln für eine erfolgreiche Improvisation unter Stress.

Hat ein Mitarbeiter zuvor bereits in unbelasteten Situationen die Regeln und Prinzipien für eine gelungene Improvisation erlernt und angewendet, dann wächst die Wahrscheinlichkeit, dass er auf diese Prinzipien auch in einer echten Stresssituation schnell und sicher zurückgreifen kann. Er stellt sich durch das Resilienz- und Improvisationstraining auf die mögliche Krisensituation ein, baut seine Routinen auf und Handlungsmuster aus.

Das optimale Lernsetting

Eine der wichtigsten Aufgaben besteht darin, erlebnisorientierte Lernsettings für Mitarbeiter zu schaffen, in denen sie die Wirkfaktoren der Resilienz neu erfahren und für sich kontextuell reaktivieren bzw. stärken können. Praxisorientierte und moderierte Laborsettings schaffen einen gehirngerechten, handlungsorientierten Lernkontext für Führungskräfte und Mitarbeiter.

Konkrete Themen und Fragestellungen aus dem aktuellen Joballtag werden in Echtzeit bearbeitet und resiliente Verhaltensweisen – quasi im Vorbeigehen – gelernt und für den Ernstfall trainiert. Das Erleben von Wahl- und Entscheidungsfreiheit ist ein wesentlicher Kern des Resilienztrainings mit Improvisationstechniken. Das potentielle Handlungsspektrum im Umgang mit Krisen wird Schritt für Schritt erweitert, die Anpassungsfähigkeit des Teams steigt und der Umgang mit dem Ungewissen wird als weniger bedrohlich und fremd empfunden (Amann & Ciesielski , 2014).

Das Improvisationsvermögen trägt wesentlich dazu bei, in Krisensituationen entscheidungs- und handlungsfähig zu bleiben. Improvisationskompetenz gehört zu einer positiven und optimistischen Lebenshaltung, prägt das Maß an Flexibilität und Beweglichkeit im Umgang mit ungewohnten bzw. unerwarteten Lebenssituationen und ist maßgeblich daran beteiligt, in Systemen neue Routinen, Strukturen und Muster aufzubauen, die ein Gefühl von Sicherheit geben und den Beteiligten die nötige Orientierung verleihen.

Die zentralen Vorannahmen bei der Improvisation

- Jeder Mensch besitzt Improvisationstalent.
- Improvisationsvermögen ist überlebensnotwendig.
- Improvisation beruht auf vielseitigen Fähigkeiten und Kompetenzen.
- Jeder Mensch kann intuitiv, kreativ und spontan sein.
- Menschen lieben Probleme und Herausforderungen.
- Die Improvisation lebt von Überraschungen und vom Unvorhergesehenen.
- Improvisierer arbeiten im Hier und Jetzt. Bei der Improvisation gehen wir von dem aus, was gerade da ist.
- Die Herausforderung bei der Improvisation liegt im Handhaben paradoxer, sich widersprechender, zunächst nicht vereinbarer Vorgaben.
- Fehler zu machen und die Lust am Scheitern gehören zum lernenden Erleben. Improvisation lebt vom Experimentieren und lösungsorientierten Vorgehen.
- Intuition, Achtsamkeit und wertschätzende Wahrnehmung gehören zu den zentralen Quellen für eine gelungene Improvisation.

Wussten Sie, dass die Gesamtlänge der Nervenbahnen eines menschlichen Gehirns etwa 5,8 Millionen Kilometer beträgt? Das sind 145 Erdumrundungen.

Kein Wunder, dass es manchmal so lange dauert, bis sich die einen oder anderen Neuigkeiten bei den Menschen rumgesprochen haben.

III. Überleben in der VUCA-World

"Ein Improvisierer handelt nicht aus einem formlosen Vakuum heraus, sondern aus drei Milliarden Jahren organischer Evolution."
Stephen Nachmanovitch, Das Tao der Kreativität

Die fünf Achtsamkeitsprinzipien nach Weick und Sutcliffe in der Führungs-Praxis

Wie im ersten Abschnitt bereits eingeführt, haben die Organisationsforscher Weick und Sutcliffe (2001, 2007) fünf Achtsamkeitsprinzipien herausgearbeitet, durch die es Unternehmen gelingen kann, das Unerwartete zu managen. In Anlehnung an Aaron Wildavsky (1991) ordnen die Autoren die fünf Prinzipien zwei Herangehensweisen zu, die Unternehmen zur Verfügung stehen, um sich im Umgang mit unerwarteten Ereignissen und Krisen abzusichern:

Strategie der Vorausschau (Anticipation)

Ist noch keine Krise, kein Störfall eingetreten, greift das Prinzip der Antizipation, d. h., die strategische Vorwegnahme möglicher Risiken und die bestmögliche Vorbereitung auf den Ernstfall. Mit der natürlichen Konsequenz, dass es – bei aller umfassenden Voraussicht und Planung – immer Situationen gibt, die man zuvor nicht berücksichtigen kann. Zu den ersten drei Achtsamkeitsprinzipien der Antizipation gehören die:

- Beschäftigung mit Misserfolgen und Fehlern
- Achtsamkeit gegenüber vereinfachenden Interpretationen
- Sensibilität für betriebliche Abläufe

Strategie der Eindämmung (Containment)

Konnte der Eintritt einer Krise trotz Antizipation und Notfallplänen nicht verhindert werden oder ist eine Situation eingetreten, die für alle Beteiligten nicht vorhersehbar war, stellt sich die Frage nach der Resilienz des Systems. Die Resilienz ist nach Wildavsky dann ausreichend, wenn alle erforderlichen Ressourcen in einer Form verfügbar sind, die so flexibel (speicherbar, umwandelbar, formbar) sind, dass man mit ihnen alle erdenklichen unvorhergesehenen Schäden bewältigen kann. Zu den beiden Achtsamkeitsprinzipien der Eindämmung gehören:

- Der Respekt vor fachlichem Wissen und Können
- Das Kommitment zur Resilienz

Unternehmen sollten sowohl dazu in der Lage sein, potentielle Störungen rechtzeitig zu erkennen und deren Auswirkungen durch geeignete Maßnahmen zu minimieren, als auch dazu, trotz aller Vorkehrungen eingetretene oder nicht vorhersehbare Störfälle bestmöglich abzufedern. Betrachten wir die fünf Achtsamkeitskriterien, die Weick und Sutcliffe herausgearbeitet haben, etwas genauer und sehen wir, wie sie uns im Umgang mit der VUCA-World dienlich sein können.

Die 5 Achtsamkeitsprinzipien im Umgang mit dem Ungewissen nach Weick & Sutcliffe (2001)

1. Beschäftigung mit Misserfolgen und Fehlern
2. Achtsamkeit gegenüber vereinfachenden Interpretationen
3. Sensibilität für betriebliche Abläufe
4. Respekt vor fachlichem Wissen und Können
5. Kommitment zur Resilienz

Wie Sie eine offene Fehlerkultur entwickeln

Nach dem Prinzip „Beschäftigung mit Misserfolgen und Fehlern" („Preoccupation with Failure") entwickeln Teams im Umgang mit Störungen eine hohe Achtsamkeit gegenüber Hinweisen, die anzeigen, dass etwas mit dem System nicht in Ordnung ist. So vermeiden sie, dass sich zunächst vielleicht harmlose Schwachstellen anhäufen und zu einem späteren Zeitpunkt zu einem echten Problem ausweiten können. Mitarbeiter achten z. B. auf:

- Kleine Pannen, Versäumnisse, undichte Stellen, defekte Apparaturen, unleserliche, unverständliche Handbücher
- Hohe Fluktuationsrate bei Mitarbeitern, die zu einem Wissensverlust führt
- Nichteinhaltung von Terminen
- Anhäufung von Überstunden
- Unzufriedene Kunden, Beschwerden
- Vermehrtes Aufkommen von Stress und Konflikten

Führungskräfte motivieren ihre Mitarbeiter, Fehler, die aufgetreten sind, frühzeitig zu melden, im Team offen anzusprechen und bei Misserfolgen gemeinsam Strategien zu entwickeln, die helfen, sie in Zukunft zu vermeiden. Um Systeme zu optimieren und kontinuierliche Lernprozesse auszulösen, werden auch solche Erfahrungen analysiert, bei denen man aufgrund eines Fehlers oder einer Panne noch einmal mit einem blauen Auge davongekommen ist.

Mitarbeiter achten ebenfalls auf potentielle Misserfolge und Gefahren durch Selbstzufriedenheit, Nachlässigkeit bei den Sicherheitsstandards und Abgleiten in gedankenlose Routine. Die Herausforderung für Unternehmen, Führungskräfte und Mitarbeiter liegt auf der Hand:

Es bedarf einer neuen, offenen und transparenten Fehlerkultur, in der sich Mitarbeiter so sicher fühlen, dass sie bereit sind, auf Fehler im System aufmerksam zu machen. Nur wenn Schwachpunkte im Unternehmen angesprochen werden dürfen, kann dies als Gelegenheit genutzt werden, das Unternehmen vor Krisen zu schützen und die Mitarbeiter nachhaltig abzusichern. Die Aufdeckung von Schwachstellen im System dient nicht der Verantwortungs- und Schuldzuweisung oder der Kritik, sondern der Weiterentwicklung und der kontinuierlichen Verbesserung.

Lernen Führungskräfte und Teams, Fehler als Hilfsmittel und Inspirationsquelle für einen nachhaltigen Erfolg zu nutzen, hat dies zudem den resilienzstärkenden Effekt, dass sich Mitarbeiter ihrer Kompetenzen und Ressourcen immer mehr bewusst werden. Schritt für Schritt können sie an Herausforderungen, Krisen und der Bewältigung von Schwachstellen wachsen. Selbstzweifel und Unsicherheit nehmen ab, Gefühle von Selbstwirksamkeit und Selbstsicherheit nehmen zu.

Eine zentrale Aufgabe in Krisenzeiten ist daher, das Image von Fehlern und Misserfolgen zu verbessern. Bei der Angewandten Improvisation sprechen wir sogar davon, im Umgang mit dem Ungewissen und Neuen eine experimentelle „Lust am Scheitern" zu entwickeln. Jede Niederlage dient als Chance, es noch einmal zu versuchen. Resilienz heißt nichts anderes, als flexibel und anpassungsfähig auf die Herausforderungen des Moments zu reagieren.

Fehler als Helfer betrachten

Als Unternehmensleitung und als Führungskraft haben Sie die nötige Kraft und vor allem die Befugnis dazu, zu viel VUCA-Energie durch die Etablierung einer produktiven Fehlerkultur auszugleichen. Geben Sie Ihren Mitarbeitern im Rahmen von Change-Prozessen, in überdurchschnittlichen Belastungs- und Krisenzeiten, die Erlaubnis, Fehler offen anzusprechen, auf Misserfolge hinzuweisen und geben Sie Ihrem Team Zeit und Gelegenheit, aus Fehlschlägen zu lernen. Damit schaffen Sie die Voraussetzung für mehr Stabilität im System, fördern wertvolle Feedbackprozesse und sorgen letztlich für den Aufbau eines hohen Qualitätsstandards.

Das Wissen um einen konstruktiven Umgang mit Fehlern führt bei Mitarbeitern zu mehr Gelassenheit, Ruhe und selbstverantwortlichem Handeln. Sie stehen weniger unter Stress und verschwenden keine wertvolle Energie für die Unterdrückung von Angstgefühlen oder das Überspielen von Unsicherheit. Der offene Umgang mit Schwachstellen reduziert Reibungsverluste durch Konflikte, verbessert das Arbeitsklima, steigert langfristig die Leistungsfähigkeit Ihres Teams und sorgt für optimalere Arbeitsbedingungen und Arbeitsabläufe.

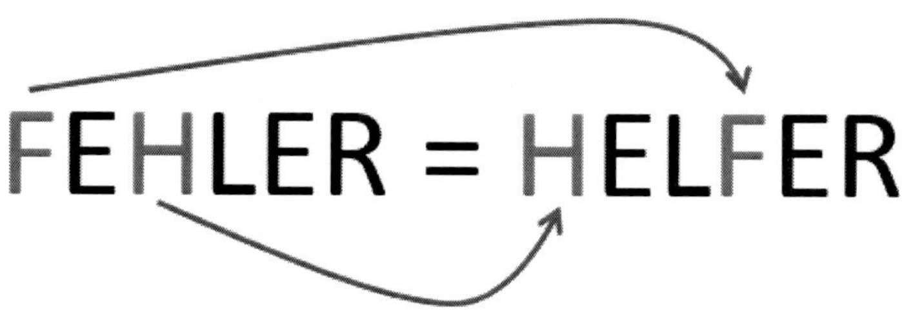

Dass im Umgang mit Fehlern mehr Offenheit, Gelassenheit und Achtsamkeit in der Kommunikation ratsam ist, zeigt auch das folgende Beispiel:

Praxisbeispiel: Keine Mission ohne Auftrag

Alles fing ganz harmlos an. Urlaubszeit. Vertretungszeit. Meine Controllerin ging für drei Wochen in ihren wohlverdienten Urlaub. Natürlich nicht, ohne sich eine Vertretung zu suchen. Da wir in Deutschland keinen zweiten Controller hatten, übernahm die Vertretung ein Kollege aus dem Hauptquartier in Schottland. Er kannte die Systeme, war also bestens geeignet, den Betrieb in ihrer Abwesenheit mit den nötigen Zahlen zu versorgen.

Eine seiner Aufgaben bestand darin, die wöchentlichen Umsatzberichte zu produzieren. Die Zahlen der ersten Woche lagen vor – soweit so gut. Dann kam die zweite Woche und das Spektakel konnte beginnen. Aus bis heute unerfindlichen Gründen sparte sich der Controller im Hauptquartier die wohl mühselige Arbeit, aus den Excel-Sheets die richtigen Daten herauszurechnen und entschied sich für die praktische, wenn auch unsinnige Variante, die Umsatzzahlen pro Medikament aus der ersten Woche in die zweite Woche per Copy & Paste zu übertragen.

Da in der ersten Woche des Monats die Großhändler ihre Bestellungen aufgeben, ist es für die zweite Woche normal, dass die Umsätze wesentlich niedriger sind. Durch die praktische Copy & Paste-Lösung der Urlaubsvertretung ergab sich nun aber ein vollkommen anderes Bild. Mein Vorgesetzter, der ebenfalls im schottischen Hauptquartier saß, sah die Zahlen und schlug Alarm! Nicht etwa, weil ihm die Zahlen ungewöhnlich vorkamen, sondern weil bei diesen Umsätzen nicht genug Waren vorrätig waren.

Er beauftragte direkt einen ohnehin schon vollkommen überlasteten Planungsmanager mit der Analyse, inwieweit Ware von anderen Ländern nach Deutschland transportiert werden konnte. Der arme Kerl musste dafür alles andere stehen und liegen lassen. Die Begeisterung über diese Aktion hielt sich in den anderen Ländern in Grenzen und trug nicht gerade zur langfristigen Beliebtheit der deutschen Filiale bei.

Stunden nachdem dieses umfassende Krisenmanagement vom Hauptquartier eingeleitet worden war, bekam auch ich eine SMS mit der Information, dass „etwas mit den Zahlen nicht stimmt" und dass in ganz Europa Ware für Deutschland gesucht werden würde. Als Schuldiger wurde das deutsche Management im Allgemeinen und dessen Planungsunfähigkeit im Besonderen hervorgehoben. Die Stimmung war gereizt. Ich bat dann meinen Produktmanager, auf die Zahlen zu schauen und das Missverständnis war in wenigen Minuten geklärt. Der Waren-Rettungsschirm für Deutschland konnte wieder eingeklappt werden.

Dies mag nur ein Beispiel für viele Situationen sein, in denen Fehler zwar gesehen, aber leider mit blindem Aktionismus seitens der Führungskräfte gelöst werden. Für diese Überaktivität gibt es einen offiziellen Namen: Action Bias. Probleme entstehen jenseits der Logik und des vernünftigen Menschenverstandes, vor allem aber aus Mangel an direktem Feedback und Kommunikation.

Besonders in Krisenzeiten tun wir also gut daran, sowohl mit dem blinden Aktionismus anderer zu rechnen als auch den eigenen so weit wie möglich im Zaum zu halten. Wir haben als Mitarbeiter und Vorgesetzte in angespannten Zeiten keine Garantie auf umsichtiges, stets logisches oder fehlerfreies Handeln anderer.

Was auch immer den Controller bewegt haben mag, die Zahlen einfach zu kopieren und was auch immer meinen Vorgesetzten bewogen haben mag, eine Maschinerie in Gang zu setzen, bevor er mit mir Rücksprache hielt – wir wissen es nicht. Die Welt ist unberechenbar. Sie ist VUCA. Und es gibt keine Garantie, dass diese Welt vernünftig, logisch oder lösungsorientiert funktioniert, es sei denn, Sie selbst sind derjenige, der dafür Sorge trägt.

Schaffen Sie Sicherheit, indem Sie aus Fehlern Helfer machen

Seien Sie, was Fehler betrifft, nicht länger missionarisch und beenden Sie in Krisenzeiten und bei hohem Stressaufkommen die Predigten über „Perfektions- und Fehlerlosigkeit" im Unternehmensalltag. Diese machen nur ängstlich, verunsichern Ihre Mitarbeiter und führen dazu, dass über Fehler und Schwachstellen nicht gesprochen wird.

Haben Fehler ein gutes Image im Unternehmen, werden sie als Helfer anerkannt und wertgeschätzt, gibt es weniger Probleme mit vertuschten Schwachstellen.

Regen Sie eine offene Lernkultur an

Werden Sie zu einer Führungskraft, die eine klare Mission der Sicherheit und Qualitätsverbesserung verfolgt, und laden Sie Ihre Mitarbeiter ein, Teil dieser Mission zu sein. Schenken Sie ihnen Anerkennung, wenn sie auf Fehler und Schwachstellen aufmerksam machen.

Trommeln Sie Ihr Team zusammen und sorgen Sie für einen offenen, kreativen und lösungsorientierten Umgang mit dem Problem. Wenn Sie Fehler vermuten, suchen Sie das Gespräch und klären Sie offene Fragen, beugen Sie dem eigenen Aktionismus vor.

Wie Sie vereinfachenden Interpretationen vorbeugen

Im linearen und berechenbaren Fahrwasser der SSEE-World lassen sich die Dinge stark vereinfachen, in Kategorien einordnen und in Schubladen stecken. Man kann sich auf Schlüsselprobleme und Schlüsselindikatoren konzentrieren, nach bekannten Mustern bzw. gewohnten Routinen vorgehen und damit einfache, sichere Entscheidungen treffen. In einem VUCA-Umfeld, in dem Mitarbeiter das Unberechenbare und Unbekannte managen müssen, können Entscheidungen auf der Grundlage von Vereinfachungen leichtsinnig und gefährlich sein.

So beobachtete man 82 Sekunden nach dem Start der Raumfähre Columbia am 16. Januar 2003, dass umherfliegende Bruchstücke an der linken Flügelkante aufschlugen. Dies wurde als ein Ereignis gedeutet, das „fast schon ein alter Bekannter war". Die Führungsspitze der NASA meinte damit, dass das Ereignis größtenteils schon analysiert, beschreibbar und verstanden war. Dies erwies sich als Irrtum. Die Raumfähre brach beim Wiedereintritt in die Atmosphäre auseinander.

Mit dem Prinzip „Achtsamkeit gegenüber vereinfachenden Interpretationen" („Reluctance to Simplify") beschreiben Weick und Sutcliffe daher das Erfordernis, gegenüber dem jeweiligen Kontext, bestehenden Erwartungshaltungen und vereinfachenden Kategorien wachsam zu sein. Was zählt, ist nicht das, was wir glauben zu wissen, sondern das, was wir neu über eine Situation in Erfahrung bringen können.

Es braucht, von Fall zu Fall, eine bewusste Entscheidung darüber, wann Vereinfachungen und damit einhergehende Kategorien sinnvoll sind und wann nicht. Als Führungskraft sind Sie in VUCA-Zeiten gefordert, blinde Flecken in Ihrem Unternehmen aufzudecken. Dies gelingt Ihnen dann, wenn Sie Ihr Team immer wieder anregen, Erwartungshaltungen, Vermutungen und Bewertungsmuster zu hinterfragen.

Sie profitieren von Mitarbeitern, die in Krisenzeiten nichts für selbstverständlich halten, eine gesunde Portion Skepsis gegenüber einer vorherrschenden Meinung mitbringen und nicht müde werden, im Umgang mit neuen Herausforderungen Informationen einzuholen und Dinge zu hinterfragen. Auch wenn dies im Einzelfall anstrengend sein kann und nicht Ihrem Naturell entspricht – vertrauen Sie darauf, dass in Krisenzeiten die besonders kritischen Mitarbeiter auch eine besonders wichtige Funktion erfüllen.

Setzen Sie auf Diversität

Ein zentraler Schlüssel im Umgang mit Komplexität ist Vielfalt. Setzen Sie daher bei schwierigen Fragestellungen auf interdisziplinäre Teams und Mitarbeiter, die eine besonders gute Wahrnehmung besitzen und einen breiten Erfahrungshorizont mitbringen. Organisationsforscher betonen, dass Spezialisten, die unterschiedlichen Fachgebieten angehören, besser in der Lage sind, Abweichungen wahrzunehmen und zu erkennen, wo konkrete Veränderungen vorgenommen werden müssen. Sie können bestehende Erkenntnisse und Fähigkeiten neuartig verknüpfen.

Erlauben Sie fruchtbare Kontroversen

Achten Sie in Ihrem Team auf jene Kollegen, die ein gutes Verhandlungsgeschick besitzen, in Meetings kontroverse Standpunkte herausarbeiten und zwischen Meinungsverschiedenheiten gut vermitteln können.

Wenn Sie selbst eher zur Ungeduld neigen, delegieren Sie die Leitung von Diskussionen an Mitarbeiter, die für eine gute Beziehung im Team sorgen können und bei hitzigen Diskussionen selbst nicht so schnell unter Stress geraten. Blinde Flecken und Probleme werden erst dann sichtbar, wenn auch widersprüchliche, komplexe oder nicht eindeutige Dinge im Detail besprochen und vielfältige, konträre Meinungen gehört werden können.

Hinterfragen Sie in VUCA-Zeiten Gewohnheiten, Routinen, Handlungs- und Bewertungsmuster

Seien Sie in Krisenzeiten skeptisch, was einfache und schnelle Antworten betrifft. Beliebte Äußerungen wie „Das funktioniert schon, das haben wir immer so gemacht!" sind klare Indizien dafür, dass die Anpassungsfähigkeit und Resilienz des Systems bereits abgenommen haben. Lieb gewordene Gewohnheiten können in VUCA-Zeiten zu echten Produktivitätsfallen werden. Steigt die Komplexität von Informationen und verändern sich Umstände schneller als gewöhnlich, profitieren Führungskräfte und Teams davon, dass sie bereit sind, Routinen und Handlungs- und Bewertungsmuster kritisch zu hinterfragen. Im Zweifelsfalle kann sich die passende Lösung von Monat zu Monat, von Woche zu Woche oder auch von Tag zu Tag ändern.

Pflegen Sie eine Kultur der offenen Fragen

Gerade in angespannten und hektischen Situationen müssen Mitarbeiter bereit und in der Lage sein, sich eine kurze Auszeit zu nehmen, um nach der jeweils passenden Lösung und Handlungsstrategie für den Moment zu suchen. Achten Sie auf regelmäßige Feedbackgespräche und fördern Sie einen offenen Austausch unter Ihren Mitarbeitern. Bremsen Sie aufkommenden Aktionismus und nehmen Sie sich Zeit. Geben Sie als Führungskraft wenige Antworten und stellen Sie dafür umso mehr Fragen an Ihr Team.

Wie Sie sensibel für betriebliche Abläufe bleiben

Der Achtsamkeitsleitsatz „Die Sensibilität für betriebliche Abläufe" („Sensitivity to Operations") steht für die hohe Aufmerksamkeit, die Sie als Führungskraft dem jeweiligen Moment schenken müssen. Gehören das strategische Denken und die langfristige Planung zu den Kernkompetenzen der SSEE-World, so benötigen Sie in den ungewissen Zeiten der VUCA-World den Gesamteindruck des derzeitigen Augenblicks.

Ziel ist es, kleine Ereignisse, die sich zu größeren Problemen ausweiten können, sofort wahrzunehmen und damit möglichen Engpässen und Schwierigkeiten vorzubeugen. Indem Sie und Ihr Team sensibel auf betriebliche Abläufe reagieren, haben Sie die Möglichkeit, Prognosefehler kurzfristig zu korrigieren und zeitnah viele kleine Anpassungsprozesse vorzunehmen. So verhindern Sie die Ansammlung vieler kleiner Fehler, die langfristig für die Entstehung großer Probleme verantwortlich sein können.

Managern und Führungskräften empfiehlt sich daher, einen kontinuierlichen Informationsaustausch anzuregen und den Kontakt zum operativen Geschäft zu pflegen. Es gilt herauszufinden, was jenseits von Absichten, Plänen und Aufgabenbeschreibungen tatsächlich im Unternehmen vorgeht. Aktuelle Informationen erhalten Sie in direkten, oft informellen Gesprächen (Weick & Sutcliffe, 2010, S. 62 ff.).

Die Bedeutung persönlicher und informeller Kontakte

Aus der Führungs- und Beratungspraxis wissen wir nur zu gut, dass gerade bei der Umsetzung von Change-Prozessen der intensive Kontakt zwischen Vorgesetzten und Mitarbeitern fehlt. Häufig glänzen Vorgesetzte durch Abwesenheit, hechten von Meeting zu Meeting, sind viel unterwegs und darauf angewiesen, dass alles auch ohne ihr Zutun reibungslos abläuft.

Die Mitarbeiter denken sich: „Unser Chef weiß gar nicht, was hier los ist! Den bekommen wir nur selten zu sehen. Der hat selbst genug Arbeit am Hals. Außerdem hat er auch keine Idee, wie wir die Situation ändern sollen. Er setzt nur um, was die da oben ihm sagen und vorschreiben."

Mitarbeiter tun ihr Bestes. Geht etwas schief, melden Sie es nicht weiter, sondern versuchen, das Problem erst einmal selbst zu lösen. Auf die Frage, warum Mitarbeiter Probleme, Fehler und Überlastungen nicht an ihre Vorgesetzten oder an das Team zurückmelden, hören wir in Seminaren häufig die Antwort: „Ich will meinen Chef damit nicht unnötig belasten. Es ist schließlich meine Aufgabe, selbst Lösungen für auftretende Probleme zu finden. Außerdem will ich nicht als unfähig, faul oder unmotiviert gelten."

Führen neue Betriebsabläufe und Restrukturierungen z. B. zu Mehrbelastungen, die in der Regelarbeitszeit nicht mehr aufgefangen werden können, werden diese zunächst durch Überstunden, dann an den Abenden, an den Wochenenden und schließlich in der Urlaubszeit abgearbeitet. Aus Übergangszeiten und vorübergehenden Engpässen werden Zeiten normaler und chronischer Überbelastung. Die Folge: Mitarbeitern fehlt die Zeit zur Regeneration, Stress wird zum Dauerzustand, psychische und gesundheitliche Belastungen am Arbeitsplatz nehmen kontinuierlich zu. Ein Prozess, den wir in Deutschland seit der Jahrtausendwende beobachten können.

In unseren heutigen VUCA-Zeiten finden zwar Anpassungsprozesse statt und Mitarbeiter zeigen zumeist eine extrem hohe Flexibilität. Diese hat aber mit echter Resilienz und Widerstandkraft nur wenig gemein. Mitarbeiter verbiegen sich unter der Zunahme von Druck und Belastungen so weit, dass ihnen nach und nach die innere Kraft verloren geht, sich selbst wieder aufzurichten.

Eines Tages brechen sie schlicht unter ihrer Arbeit zusammen. Oder sie werden zu dem berühmten Fels in der Brandung, der innerlich verhärtet oder abstumpft, damit er stoisch und geduldig alles über sich ergehen lassen kann.

So zeigte eine Gallup-Studie zum Thema Arbeitsbedingungen 2013, dass sich Arbeitgeber und Arbeitnehmer derzeit in einer ausgeprägten Beziehungskrise befinden. Demnach gaben 67 Prozent der Beschäftigten an, nur noch Dienst nach Vorschrift zu machen, jeder sechste in Deutschland hat innerlich bereits gekündigt. Immerhin erklärten 16 Prozent, sich mit ihrem Arbeitgeber verbunden zu fühlen (Bund & Rohwetter, 2014, S. 23).

Verantwortung übernehmen und Verantwortung teilen

Die Übernahme der kompletten Eigenverantwortung für Gestaltungsprozesse mag eine passende Antwort für die ruhigeren SSEE-World Zeiten sein, in denen alles nach Plan und Vorschrift läuft. Einzelentscheidungen sind eine gute Antwort für Arbeitsphasen, die von hoher Autonomie und Selbstbestimmung geprägt sind, in denen Mitarbeitern für die Bewältigung ihrer Aufgaben ausreichend Ruhe, Zeit, Muße und Entscheidungsbefugnisse zur Verfügung stehen. Hierarchische Strukturen und klare Zuständigkeitsbereiche fördern die Übernahme von Selbstverantwortung.

Doch die VUCA-Zeiten sorgen dafür, dass die Handlungs- und Entscheidungsspielräume der einzelnen Mitarbeiter immer weiter schrumpfen. Es fehlt an klaren Zuständigkeiten, an den erforderlichen Ressourcen, an Budgets, an Zeit, an Informationen, an Überblick und an Kontrolle. Vor allem aber fehlt es an einem Infragestellen alter Routinen und dem Aufbau neuer, geeigneterer Routinen.

Die Arbeit in Teams und Netzwerken verlangt nach Entscheidungsprozessen, die sowohl von Selbst- also auch von Teamverantwortung getragen werden. Prozesse der Selbstorganisation, der Selbstmotivation und die Entwicklung von kompatiblen Lösungsansätzen entstehen nicht mehr im einsamen Kämmerlein, sondern durch eine Kombination von Reflektion, Erfahrungsaustausch und im Rahmen von intensiven Aushandlungsprozessen.

Nicht alle Mitarbeiter jubeln bei diesem Gedanken. Viele benötigen für ihre Arbeit ihren Rückzugsort, Ruhe und ein hohes Maß an Autonomie. Die Kunst ist, genau das in Feedbackgesprächen herauszufinden. Wenn Sie die verschiedenen Bedürfnisse Ihrer Mitarbeiter nicht kennen und respektieren, verschwenden Sie in turbulenten Zeiten eine Menge Energie. Mitarbeiter verlieren sich in unnötigen Machtkämpfen, leiden mehr unter Stress und Konflikten als nötig und erzeugen permanent Reibungsverluste.

Schaffen Sie in VUCA-Zeiten mehr Transparenz

Regelmäßige Einzel- und Teamgespräche fördern das gegenseitige Verständnis für komplexe Change-Prozesse und Arbeitsabläufe. Es kommt nicht auf die Länge der Gespräche an, sondern auf deren Qualität. Klären Sie nach Bedarf, was für Sie und Ihre Mitarbeiter ein regelmäßiger, kurzer und offener Austausch bedeuten kann.

Entscheiden Sie flexibel und nach Bedarf. Treffen Sie immer wieder neue Vereinbarungen darüber, was gerade erforderlich ist. In diesem Monat kann dies ein tägliches, kurzes Telefonat sein, im nächsten Monat reicht vielleicht ein wöchentliches Treffen von einer Stunde oder ein Skype-Termin. In der Startphase eines Projektes können regelmäßige Teammeetings sinnvoll sein, in der Ausführungsphase kosten sie vielleicht zu viel Zeit und ausführliche Einzelgespräche sind genau das Richtige.

Schaffen Sie Sicherheit durch eine schnelle, unmittelbare und offene Feedback-Kultur

In VUCA-Zeiten gibt es kein Richtig-oder-falsch. Es zählt das Sowohl-als-auch-Prinzip. Herrschen chaotische Verhältnisse, kann theoretisch alles zu seiner Zeit das Beste für Sie und Ihr Team sein. Es liegt an allen Beteiligten, sensibel für Wechselwirkungen zu sein und durch offene Gespräche und Rückmeldungen herauszufinden, was im Moment das Richtige ist. Halten Sie sich mit Wertungen zurück und ermöglichen Sie einen offenen Austausch.

Wie Sie Respekt vor dem Wissen anderer aufbauen

In Krisenzeiten kann es sehr schnell zu einer Kompetenzverschiebung im Unternehmen kommen. Was es braucht, ist der Respekt vor dem fachlichen Wissen und Können anderer („Defence to expertise"). Plötzlich besitzen nicht mehr die Führungskräfte alle wichtigen Informationen, die es für Entscheidungen braucht, sondern diejenigen Mitarbeiter werden zu führenden Experten, die im Arbeitsalltag nah an der Störungsstelle sind. Hier haben wir es mit einem Achtsamkeitsprinzip zu tun, welches tradierte Sichtweisen auf Hierarchien, Autoritäten und Kompetenzverteilungen auf den Kopf stellt.

Rang, Status, Hierarchie und Autorität sind in Krisenzeiten kein Garant für Kompetenz. Die entscheidende Frage lautet: Wer ist für das aktuelle Problem, das uns gerade beschäftigt, der wirkliche Experte? Die Führungskraft, die im Alltagsgeschäft so gut wie keine Berührungspunkte mehr mit dem Kunden hat, oder der Außendienstmitarbeiter, Lieferant, Fahrer oder die Servicekraft vor Ort, die sich täglich mit den Bedürfnissen und Beschwerden der Kunden auseinandersetzen muss?

Selbst Führungskräfte und Experten, die unmittelbar mit dem Problem zu tun haben, können blinde Flecken entwickeln. Weick und Sutcliffe bringen hierzu ein anschauliches Beispiel. In den 1940er und 1950er Jahren untersuchte Ron Westrum die Diagnosepraktiken von Kinderärzten und entdeckte ein Phänomen, das er als „Irrtum der zentralen Position" bezeichnete.

Dieses besagt, dass Menschen, die eine zentrale Rolle einnehmen, davon ausgehen, dass sie Kenntnis davon hätten, wenn etwas Ernsthaftes geschähe. Nach dem Motto „Wenn ich von etwas nichts weiß, geschieht es auch nicht", ergaben sich bei Kinderärzten bis in die 1960er Jahre hinein Wahrnehmungsverzerrungen bezüglich der Diagnose von Kindesmissbrauch. Die Begründung der Ärzte war einfach: „Wenn Eltern ihr Kind missbrauchten, wüsste ich davon. Da ich nichts davon weiß, passiert es nicht." (Weick & Sutcliffe, 2010, S. 169)

Der Glaskugeleffekt und die Expertenfalle

Auch die hohe Kompetenz von Experten im Team kann zum Fallstrick werden. Zum Beispiel dann, wenn alle am Arbeitsplatz denken, der Experte wüsste bereits Bescheid und müsse deshalb über wichtige Dinge nicht mehr informiert werden. Das gilt oft auch für die Führungskräfte selbst. Wir nennen diesen Effekt den „Glaskugeleffekt" und kennen ihn aus der Beratungs- und Seminarpraxis nur zu gut.

Wenn es um das Thema Zeitmanagement und Arbeitsbelastung geht, antworten Mitarbeiter auf die Frage „Weiß Ihr Chef denn, dass Sie alle Arbeitsaufgaben gar nicht in der vorgesehenen Zeit erledigen können?" häufig: „Natürlich weiß er das. Als mein Chef muss er das doch merken und mitbekommen."

Der Vorgesetzte wird in seiner Rolle als Experte und Hellseher nicht mehr mit Informationen versorgt. Von ihm wird vorausgesetzt, dass er die Dinge, die ihn und seine Mitarbeiter betreffen, zu wissen hat. Hinter dem Glaskugeleffekt verstecken sich verschiedene Strategien, die im Umgang mit Stress und Belastungen zu gefährlichen Fallstricken führen und sich zu nachhaltigen Krisen entwickeln könnten.

Mitarbeiter erwarten, dass die Führungskraft sich für die Arbeit des Einzelnen interessiert, dass er nachfragt und bei Anzeichen einer Überlastung aktiv auf den Mitarbeiter zugeht und eine Regelung zur Entlastung anbietet. Führungskräfte wiederum gehen häufig nicht von einer eigenen Hol- sondern einer Bringschuld des Mitarbeiters aus. „Wenn der Mitarbeiter überlastet ist, muss er mir das von sich aus signalisieren und mit Ideen kommen, wie wir das Problem lösen können."

Es entsteht eine Pattsituation, die sich oft über Jahre nicht auflöst und erst dann zum Thema wird, wenn der Mitarbeiter unter seiner Arbeitsbelastung zusammenbricht. Ein forscher VUCA-Wind, eine strikte Null-Fehler-Kultur, hohe Perfektionsansprüche, Scham, Stolz, die Angst vor Konflikten und Auseinandersetzungen, das Fehlen von Vereinbarungen, Absprachen, einer offenen Gesprächskultur und der schlichte Mangel an regelmäßigen Feedbackschleifen sorgen an unseren Arbeitsplätzen für ein wachsendes Ausmaß an Unsicherheit.

Schaffen Sie flexible Entscheidungsstrukturen

Treffen Sie in hohen Belastungszeiten mit Ihrem Team klare Absprachen, welches Verständnis Sie von Hol- und Bringschulden haben. Wer informiert wen, über was, wann und wie regelmäßig?

Lockern Sie im Umgang mit unerwarteten Situationen bei Bedarf die Entscheidungshierarchien und legen Sie Wert auf die Expertise der Mitarbeiter, die unmittelbar mit dem Problem zu tun haben und sich mit der Situation am besten auskennen.

Stellen Sie sicher, dass in Ihrem Team alle Mitarbeiter die Informationen haben und bekommen, die sie brauchen

Sorgen Sie dafür, dass der Informationsfluss für diejenigen Mitarbeiter gewährleistet ist, die eine zentrale Rolle spielen und dazu beitragen, dass Entscheidungen getroffen werden.

Sorgen Sie in kritischen Zeiten ebenfalls durch klare Absprachen dafür, dass Mitarbeiter nicht mit Informationen überlastet werden (über E-Mail, SMS oder telefonisch).

Wie Sie sich zu einem resilienten Verhalten verpflichten

„Im Unterschied zur Antizipation, die uns Mut macht, erst zu denken und dann zu handeln, ermuntert uns die Resilienz zum Handeln, während man denkt, oder zu handeln, damit man klarer denken kann."
Weick und Sutcliffe

Das Unvorhergesehene, die Überraschung, das Ungeplante können Sie nicht allein mit guter Vorbereitung handhaben. Resilienz zu zeigen bedeutet, dass Sie und Ihr Team auf ein belastendes Ereignis in dem Moment angemessen reagieren, in dem es stattfindet. Mit dem Achtsamkeitsprinzip „Kommitment zur Resilienz" („Commitment to Resilience") beschreiben Weick und Sutcliffe (2007, S. 68) jene Strategien, die Unternehmen helfen, nach einem Zustand der Anspannung wieder in einen Zustand zurückzukehren, der in etwa der Ausgangssituation entspricht. Die Resilienz und innere Spannkraft eines Systems bzw. eines Unternehmens kann sich dabei in verschiedenen Ergebnissen äußern:

Nach der Belastungssituation bleibt alles wie gehabt: Das System kann nach einer Belastungs- und Erholungsphase wieder in die Ausgangsposition zurückfallen, die Fähigkeit zur Resilienz ist dann gleich geblieben. Die Funktionstüchtigkeit des Unternehmens ist bewahrt worden. Widrige Umstände, z. B. hoher Leistungsdruck, verschärfter Wettbewerb oder mangelnde Führungskompetenzen, konnten temporär ausgeglichen und abgefedert werden.

Nach der Belastungssituation ist alles anders als zuvor: Das System kann sich durch eine sehr starke Belastung soweit verändert haben, dass durch ein Nachlassen der Elastizität und Spannkraft ein Zurückspringen in die ursprüngliche Ausgangsposition nicht mehr möglich ist.

Dies kann in einem Unternehmen dann geschehen, wenn auf Störungen mit einschränkenden Regeln, Vorschriften, Verboten oder Befugnissen reagiert wird, welche die Flexibilität, Beweglichkeit und Anpassungsfähigkeit nachhaltig einschränken. Die Einschränkungen sollen zwar dem Schutz und der Sicherheit des Systems dienen, führen aber letztlich zu einer Abnahme an Resilienz.

Nach der Belastungssituation bleiben die Dinge im Wesentlichen wir gehabt, jedoch haben sich Kleinigkeiten verändert und angepasst: Das System springt nach der Belastungsphase zwar an einen neuen Punkt, dieser liegt jedoch nahe am Ausgangspunkt. Die Resilienz des Unternehmens zeigt sich dann durch einen Wachstums- oder Lernprozess. Es hat seine Reaktionsfähigkeit erweitert und neue Kompetenzen aufgebaut, was dem Unternehmen bei der Krisenprophylaxe und der Bewältigung neuer Herausforderungen zugutekommt.

Kontinuierliche Erweiterung der Handlungsspielräume

Das Kommitment zur Resilienz spiegelt sich darin wider, dass Teams von der Tatsache ausgehen, dass es ebenso wenig immer hundertprozentig perfekte und makellose Leistungen wie fehlerlose Menschen gibt. Sie beschäftigen sich daher sowohl proaktiv mit Antizipation, strategischer Planung und Vorbeugung von Risiken als auch reaktiv damit, auf das Unerwartete reagieren zu können. Resilient auf das Unerwartete zu reagieren bedeutet, die Kontrolle über das Handeln zu bewahren, indem Mitarbeiter handlungsfähig bleiben und Strukturen flexibel den Bedürfnissen angepasst werden können – und dürfen.

Wollen Sie als Führungskraft das Kommitment zur Resilienz in Ihrem Team aufbauen und stärken, konzentrieren Sie sich darauf, kontinuierlich die Kompetenzen und das Handlungsrepertoire Ihrer Mitarbeiter zu erweitern. Lern- und Entwicklungsprozesse können dabei nicht nur im Rahmen von Trainingsprogrammen initiiert werden. Sie finden vor allem dann statt, wenn der Alltag die Mitarbeiter täglich vor kleine Herausforderungen stellt. Vor allem das bewusste Erleben und gemeinsame Bewältigen einer akuten Krise kann eine einmalige Chance sein, nachhaltige Lernprozesse in Echtzeit anzuregen.

Lernen in Echtzeit

Den Aufbau von resilienten Denk- und Verhaltensmustern lernt ein Team nicht theoretisch, nicht im Seminar und nach Büchern, sondern durch Erfahrung und praktisches Erleben. Im Ernstfall können Mitarbeiter herausfinden, welche Kommunikationswege am besten und schnellsten funktionieren, wie sie ihre Erfahrungsvielfalt und ihr breites Handlungsrepertoire einsetzen und durch die Neukombination von Verhalten und Ressourcen über sich hinauswachsen können.

Auch gibt es in Krisenzeiten nicht immer nur Neues zu lernen. Mitarbeiter können stets auf Erfahrungen und Altbewährtes zurückgreifen. Die passende Kombination aus alten, neuen und leicht abgewandelten Strategien zeichnet die Anpassungsfähigkeit und Resilienz eines Systems im Umgang mit neuen Herausforderungen aus. Die einmal aufgebaute Resilienz und Anpassungsfähigkeit kann wieder verloren gehen, indem aus Effektivitätsgesichtspunkten Redundanzen im System beseitigt werden. In der SSEE-World ist dieses Bestreben durchaus sinnvoll. Anders sieht es aus, wenn die VUCA-World mit ihren unvorhergesehenen Überraschungen die Führung und Unternehmensorganisation übernimmt.

Ein schlankes Unternehmen mag effektiv sein, ist aber nicht besonders widerstandfähig. Wenn es wirklich darauf ankommt, fehlt es plötzlich an allem: an Materialien, an Geld, an Zeit, an Mitarbeitern, an Knowhow, an Netzwerken und an Ideen, wie es weitergehen soll. Und es fehlt an flexiblen Vorschriften, Regeln und Gesetzmäßigkeiten, die Vorgesetzten und Mitarbeitern ausreichende Ermessensspielräume einräumen.

Akzeptanz von improvisiertem Handeln

Wesentlich bei einem Lernprozess in Echtzeit ist die allgemeine Akzeptanz von Improvisation (Weick und Sutcliffe, 2010, S. 77). Nicht alle Pläne gehen auf. Nicht alle Schwachstellen können vorausgesehen werden. Das Unerwartete verlangt ständig nach Flexibilität und Anpassung. Ohne eine Akzeptanz von improvisiertem Verhalten können Mitarbeiter in einem VUCA-Umfeld nicht stressfrei arbeiten und ständig nach neuen Lösungen für aktuell auftretende Probleme suchen.

Nutzen Sie die Herausforderungen der VUCA-Zeiten für Lernprozesse in Echtzeit

Das Kommitment zu einem resilienten Verhalten lässt sich im Team über positive Erfahrungen in der Praxis sichern. Theorie ist das eine. Gemeinsam etwas tun, Erlebnisse auswerten und Erfahrungen reflektieren das andere. Resilienz ist nicht etwas, was sich einmalig und statisch für die Zukunft aufbauen lässt. Wie resilient ein Team tatsächlich ist, erfahren Sie erst dann, wenn es mit einer Krise, einem Problem, mit Dauerstress, Konflikten und dem Ungewissen konfrontiert wird.

Setzen Sie auf individuelle Erfahrungen und teilen Sie Ihre Erkenntnisse mit anderen

Sie können im Vorfeld nicht genau wissen, wie jeder Einzelne im Team auf neue Anforderungen reagieren wird. Machen Sie sich auf Überraschungen gefasst. Das Gleiche gilt für Sie als Führungskraft. Wie Sie auf eine größere Krise reagieren, erleben Sie dann, wenn es so weit ist. Je nach Gesamtbelastung und Arbeitskontext können die Reaktionen sehr unterschiedlich ausfallen. Umso wichtiger ist es, dass Sie und Ihr Team auf allgemeine Regeln, Strukturen und Vereinbarungen zurückgreifen können.

Sie müssen Krisen nicht allein durchstehen. Suchen Sie sich rechtzeitig Hilfestellungen bei einem Mentor, Coach oder Teamentwickler. So können Sie Ihre Lernerfahrungen unmittelbar auswerten und für sich nutzbar machen.

Angewandte Improvisation

> "The manager who can quickly discern emerging patterns, imaginatively create new ways of capturing and shaping human energy, and capture the flow of the moment will most likely build an adaptable and resilient organization that can not only survive challenges but also prosper when the unexpected happens. [...]
>
> What is needed instead is a capacity for „acting in the moment", something that is better attained through quick adaptability, imagination, ingenuity, spontaneity, creativity, rapidly shifting networks and patterns and highly improvised behavior."
>
> (Denhardt & Denhardt, 2010, S. 333).

Von Impro-Profis lernen

Zum Überleben in der VUCA-World ist, wie wir gesehen haben, nicht nur das Kommitment zu einem resilienten Verhalten, sondern ebenso die Fähigkeit zur Improvisation existentiell und erfährt daher seit vielen Jahren eine große Renaissance. In einer Form, die nichts mit der Produktion von Notbehelfen, vorübergehenden Kompromissen oder kurzfristigen Lösungen zu tun hat, sondern mit einer professionellen Haltung, die als endgültige Handlungs-, Entscheidungs- und Gestaltungsform ihren eigenen und besonderen Wert erfahren kann.

Wie eine solche professionelle Haltung zur Improvisation aussehen kann, das lernen wir vor allem von Künstlern. Ob Jazz-Musiker, Tänzer, Theatermacher oder bildende Künstler – sie alle haben die Welt der Improvisation für sich erforscht, kultiviert und perfektioniert.

Sie geben uns Leitideen und Prinzipien an die Hand, die uns nachvollziehen lassen, wie wir auf professioneller Ebene improvisieren und das Unbekannte in Echtzeit so gestalten können, dass Nachhaltigkeit entstehen kann. Wenn wir also von Angewandter Improvisation sprechen, dann sprechen wir davon, wie wir diese Leitideen und Prinzipien professioneller Improvisateure für den Alltag nutzbar machen können (Poynton, 2008).

Die Arbeit eines Improvisationstheaterensembles eignet sich besonders, um die Herausforderungen des modernen Arbeitsalltags modellhaft zu beschreiben (Amann & Ciesielski, 2014).

Vier wichtige Transferaspekte bei der Improvisation sind:

- **Umgang mit Vorgaben:** Das Improvisationsensemble (Team) produziert nach Vorgaben des Publikums (Kunden) eine Szene bzw. Geschichte (Produkt/Dienstleistung).
- **Lösungsorientierung:** Das Improvisationsensemble ist dabei auf ein konsequent lösungsorientiertes Vorgehen (Produktivität) und sehr gute interne Zusammenarbeit (Teamarbeit) sowie ein ausgesprochen professionelles Kommunikationsverhalten angewiesen.
- **Selbstorganisation:** Die Teamarbeit ist in hohem Maße von Prinzipien der Selbstorganisation (Führung) geprägt. Orientierung geben klare dramaturgische Strukturen und ein funktionelles Regelwerk.
- **Kooperation:** In der Ensemblearbeit müssen Improvisationsschauspieler sowohl ausgesprochene (Selbst)Führungs- als auch Team-Player-Kompetenzen aufweisen.

Leitideen zur Angewandten Improvisation.

Derzeit gehen weltweit ca. 2.700 Künstler, Trainer, Berater, Therapeuten, Ärzte, Wissenschaftler und Praktiker aus der Wirtschaft im Applied Improvisation Network (AIN) der Frage nach, wie sich die Leitideen der Angewandten Improvisation u. a. in den verschiedenen Kontexten unserer Arbeitswelt integrieren lassen. Und in jedem Jahr werden es mehr. Mit jedem Jahr wächst der Bedarf an Wissen und praktischen Erfahrungen zur Improvisation sowie der Entwicklung zeitgemäßer Lern- und Trainingssettings (Amann & Ciesielski, 2014).

Im Rahmen von über 15 Jahren Lehrtätigkeit als Improvisationstrainer und -ausbilder haben sich viele Regeln, Leitsätze und Orientierungshilfen herausgebildet, die dabei helfen, hinter das Geheimnis professioneller Impro-Ensembles zu kommen. Wir haben diese in unserem Handbuch für Angewandte Improvisation in insgesamt 42 Leitsätzen zusammengefasst und unterrichten sie, mit unterschiedlichen Schwerpunkten, in unseren Business-Seminaren und Train-the-Trainer-Fortbildungen. Wir möchten Ihnen hier drei der 42 Leitsätze zur Angewandten Improvisation beispielhaft vorstellen.

Leitsatz 1: „Sag ja, nimm das Angebot an!"

Die Teilnehmer erfahren im Training wie konstruktiv es ist, sich für die neuen und überraschenden Angebote von Mitspielern zu öffnen, diese nicht zu blockieren, sondern anzunehmen und schlicht „Ja!" zu sagen. Denn nur wer sich einer neuen Situation oder Idee gegenüber öffnet, kann Optimismus entwickeln und die hinter der Krise liegenden Chancen und Möglichkeiten erkennen (Madson, 2009, S. 42). Nach dem Motto „Das Unbekannte als Chance" erleben die Teilnehmer beim Improvisationstraining, dass auch Krisen und Problemstellungen Angebote sind, welche es anzunehmen gilt.

Leitsatz 2: „Den anderen gut dastehen lassen."

Bei der Entwicklung von Resilienz im Umgang mit Krisen und Konflikten ist es zentral, sich aus dem Teufelskreis von Schuldvorwürfen, Kritik am Verhalten anderer und der Opferrolle herauszubewegen. Es gilt aktiv zu werden und Verantwortung für das eigene Handeln zu entwickeln.

Beim Improvisationstraining erfahren die Teilnehmer, wie entlastend und konstruktiv es ist, wenn man sich und seine Mitspieler auch in schwachen Momenten gut dastehen lässt. Die Suche nach dem Schuldigen wird zur Suche nach den Ressourcen. Die Teilnehmer geben ihre Opferhaltung auf, verlassen die Warteposition, werden aktiv und übernehmen Selbstverantwortung für ihr Handeln. (Für vertiefende Informationen zum Resilienztraining mit Mitteln der Angewandten Improvisation siehe Amann & Ciesielski, 2014)

Leitsatz 3: „Die Lust am Scheitern."

Beim Improvisationstraining erfahren die Teilnehmer, wie wichtig es ist, für das Erlernen von neuem Verhalten vom Perfektionismus abzulassen, für sich die spielerische „Lust am Scheitern" wiederzuentdecken. Zum Aufbau von Resilienz gehört, die Gefahr des Scheiterns im Berufsleben als eine reale Möglichkeit bewusst einzukalkulieren und einen entspannten Umgang damit zu erlernen (Schnack, 2014). Für das Resilienztraining gilt daher: Fehler dürfen und müssen sein! Nur so wird es möglich, sich für kreative und lösungsorientierte Prozesse zu öffnen.

Das Improvisationstraining schafft ein sicheres Lernumfeld, welches es möglich macht, die antrainierte Angst vor dem Fehlermachen zu überwinden.

Blockaden können abgebaut, die natürliche Kreativität und Ideenreichtum angeregt werden. Das geschützte Lernsetting schafft die neurophysiologischen Voraussetzungen dafür, alte Verhaltensmuster aufzubrechen und neue Routinen aufzubauen.

Anekdote zum Thema Scheitern von Keith Johnstone, dem Urvater des Improvisationstheaters

„Zwei Freiwillige!“ Keine Reaktion. Ich sage ihnen, ich verstünde ihre Scheu: „Ihr wollt, dass ein anderer sich freiwillig meldet, damit ihr von seinem Beispiel profitieren könnt!“ Sie lachen zustimmend. Einer sagt:
„Aber wir wissen nicht, was es sein wird, das wir tun sollen!“
„Gerade dann solltet ihr euch freiwillig melden, denn so wissen wir, dass ihr uns nicht nur beweisen wollt, wie clever ihr seid. Kommt nach vorn, ohne irgendeine Vorstellung im Kopf zu haben, und seht was passiert.“
Immer noch keine Reaktion. Ich erkläre ihnen, dass wirkliches Lernen Fehler machen bedeute.
Sie sind überrascht und ich erkläre weiter:
„Ihr könnt eine Gebrauchsanweisung, wie man auf Stelzen geht, auswendig lernen, doch ihr müsst es immer noch lernen, indem ihr runterfallt!“
(...) „Es geht nicht darum“, sage ich, „Scheitern zu vermeiden, sondern es weniger schmerzhaft zu machen. Lernt das Radfahren auf der Wiese, damit ihr weniger Hautabschürfungen riskiert; (...)“

(Johnstone, 2000, S. 96 f.)

Improvisationsvermögen steht für die Kunst, Situationen zu managen, die nur in Echtzeit gestaltet werden können: Sie haben nur die eine Chance und die gilt es zu nutzen. Das Improvisationstalent ist uns gegeben, um von Natur aus mit dem Unbekannten, dem Neuen und Unvorhergesehenen so umgehen zu können, dass etwas Sinnvolles, Wertvolles und durchaus auch Beständiges entstehen kann.

Die Frage ist, wie wir in unserem Arbeitsalltag die dafür nötige Aufmerksamkeit, Achtsamkeit und Präsenz für den Augenblick entwickeln können, um – einem Improvisationsensemble gleich – Hand in Hand zu arbeiten und mit Leidenschaft eine Geschichte zu erzählen, die dem Publikum gefällt. Was genau können wir als Teammitglieder tun, um uns auch unter Zeit- und Entscheidungsdruck miteinander wohl zu fühlen? Was braucht es, damit wir jederzeit gut orientiert sind, Verantwortung übernehmen und Entscheidungen treffen können? Vor allem dann, wenn wir keine Zeit haben für einen Plan B.

Praxisbeispiel: Eyjafjallajökull

Wie Sie in Ihrem ganz normalen Führungsalltag von den fünf Achtsamkeitsprinzipien und dem Improvisationstalent Ihrer Mitarbeiter profitieren können, möchte ich anhand meiner Erfahrungen mit der berühmten Aschewolke über Island berichten, die im Jahre 2010 das Improvisationstalent vieler Menschen und Organisationen herausgefordert hat. Es zeigt sehr schön, dass Improvisation nichts mit Dilettantismus oder Aktionismus zu tun hat, sondern mit der Fähigkeit, in unerwarteten Situationen kreativ und strategisch mit alternativen Settings und Handlungssträngen umgehen zu können.

Ich befand mich zu der Zeit mit meinem Team und ca. neunzig Ärzten auf einem Kongress in Toronto. Wir wollten wie geplant am Samstag zurückfliegen, als uns die Aschewolke über Island einen Strich durch die Rechnung machte. Da wir keine Ahnung hatten, wann die Rückreise stattfinden würde, saßen wir zunächst in unserem Hotel in Toronto fest. In dieser unerwarteten Krisensituation wurde unser aller Improvisationstalent ordentlich auf die Probe gestellt.

Wir hatten von jetzt auf gleich definitiv keinen gültigen Plan mehr und mussten uns immer wieder neu organisieren: Informationen abrufen, auswerten, Entscheidungen treffen und den Informationsfluss für neunzig Menschen bereitstellen. Zugleich waren wir gefordert, gegenüber unseren Gästen Sicherheit und Souveränität auszustrahlen, wir mussten Vertrauen wecken und Orientierung geben. Zudem waren wir nur beschränkt handlungsfähig, da wir auf die Entwicklung der Aschewolke definitiv keinen Einfluss hatten. Es galt, sich auf das zu konzentrieren, was wir so gut wie möglich steuern konnten.

Eine besondere Herausforderung für die Mitarbeiter und mich lag interessanter Weise in dem Umgang mit dem Selbstorganisations- und Improvisationstalent der Kongressteilnehmer selbst. Wir leben in einer Zeit der modernen Medien. Menschen sind gewohnt nicht mehr lange abzuwarten, sondern selbst aktiv zu werden.

So hatte fast jeder in der Gruppe einen Zugang zum Internet und so kamen viele Teilnehmer mit eigenen Ideen: Ein Kunde hatte Verbindungen zu einer Reederei in Hamburg und wollte uns auf ein Frachtschiff setzen, das uns in zwei Wochen nach Europa zurückbringen würde. An sich kein schlechter Gedanke, zumal wir nicht wussten, wie lange wir festsitzen würden. Ein anderer Vorschlag lautete, Privatjets zu chartern. Das führte jedoch sofort zu Fragen der Sicherheit.

Hinzu kam, dass sich über die diversen Informationsmedien auch Gerüchte in Sekundenschnelle verbreiteten. Jeder wollte wissen, was in den anderen Städten geschah und was die Konkurrenz machte. Der Druck für uns stieg von Tag zu Tag: „Die anderen sind schon weg – warum wir noch nicht?" Wir wohnten schließlich im Flughafenhotel und ständig sahen wir Flugzeuge abheben – nur wir selbst bekamen anscheinend keinen Flieger. Kollegen von uns, die ebenfalls mit ihren Kongressteilnehmern festsaßen, berichteten, dass einige Kongressteilnehmer auf eigene Faust mit einem Mietauto nach New York gefahren waren. Schließlich kamen sie über den einzig offenen Flughafen nach Madrid, stiegen dort in Busse um und kamen zu guter Letzt drei Stunden nach uns in Deutschland an.

Man muss die Motive der Kongressteilnehmer verstehen: Der Druck und Stress bei den Ärzten sind enorm. Praxen müssen am Laufen gehalten werden. Operationen stehen an. Jeder hat ein gutes Motiv, nicht nur passiv dazusitzen und zu warten, was geschieht. Die Ideen der Ärzte wollten aufgegriffen, gewürdigt und geprüft werden. Auch das erfordert ein hohes Maß an sozialer und kommunikativer Kompetenz – von allen Beteiligten.

Meine größte Sorge war, dass es medizinische Probleme geben könnte. Fast schon absurd, wenn man mit neunzig Ärzten unterwegs ist. Aber auch Ärzte sind nur Menschen. Gehen uns Medikamente aus, die regelmäßig genommen werden müssen? Was ist, wenn ein Teilnehmer krank wird? Woher bekommen wir Adressen von lokalen Ärzten?

Auf der einen Seite brauchten wir also eine Menge Geduld und Einfühlungsvermögen gegenüber dem Team und den Kongressteilnehmern. Auf der anderen Seite mussten wir gegenüber dem Headquarter in Deutschland sehr bestimmt auftreten.

So war zu Beginn das interne Reisebüro unseres Konzerns in Deutschland mit der Situation völlig überfordert. Die Mitarbeiter waren es gewohnt, nach den billigsten Fliegern von A nach B zu suchen. Doch das oberste Credo Kosteneffizienz funktionierte bei dieser Problemlage natürlich überhaupt nicht.

Die Mitarbeiter vertaten zwei Tage ihre Zeit damit, nach billigen Flügen zu suchen, was der Aufgabenstellung aber nicht ansatzweise gerecht wurde. Wieder ein gutes Beispiel dafür, dass mit den Beteiligten der aktuelle Auftrag nicht geklärt wurde: Es ging nicht mehr darum, billig zu buchen, sondern überhaupt etwas zu buchen. Es wurde auch viel zu spät erkannt, dass die Marktregeln sich unter diesen Extrembedingungen radikal verändert hatten. So wurden die Maschinen, die zunächst vom Reisebüro gebucht worden waren, an andere Firmen weitergegeben, die bereit waren, einen höheren Preis zu zahlen.

Auf solch eine Wild-West-Manier war niemand vorbereitet. Nichts passierte, außer dass wir für den anvisierten Rückflug von Kanada nach Buffalo in die USA umgesiedelt wurden. Dort saßen wir wieder fest, jedoch in einem Hotel, das nicht darauf eingestellt war, so viele Hotelgäste zu bewirten. Unser Team improvisierte weiter, unterstützte die Küche und half mit, die Burger zu servieren. Regelmäßige Meetings fanden in der Lobby statt. Als sich herumgesprochen hatte, dass wir uns einigermaßen gut organisiert hatten, hängten sich noch die belgischen und skandinavischen Kollegen mit Ihren Kongressteilnehmern an.

Schließlich reagierte der übergeordnete Europachef und beauftragte das Reisebüro in Amerika vor Ort mit der Lösung des Problems. Dieses organisierte drei Charterflüge, mit denen die Ärzte schließlich ausgeflogen wurden. Für unser Team wurde einen Tag später ein Militärflugzeug organisiert. Der eigentliche Schock überkommt einen erst zu Hause, wenn man plötzlich alleine ist und einem die vergangenen fünf Tage nur noch irreal vorkommen.

Echt starke Führung im Überblick

An dem Praxisbeispiel lassen sich noch einmal die wichtigsten Punkte zusammenfassen, die Sie und Ihr Team mit Sicherheit stark durch die Krise kommen lassen.

Wenn Routinen zusammenbrechen, stellen Sie sofort neue Routinen her

Gleich zu Beginn habe ich dafür gesorgt, dass wir uns als Team regelmäßig, d. h. zu bestimmten Uhrzeiten zusammensetzten, um Aufgaben und Verantwortlichkeiten zu verteilen. Wichtig war, dass die Informationen an einem Punkt zusammenfließen konnten und alle auf den aktuellen Stand gebracht wurden. Auch wenn in der Zwischenzeit nichts Neues geschah, die regelmäßigen Treffen halfen, Ruhe und Struktur in die Organisation des Teams zu bringen.

Beteiligen Sie alle im Team an Lösungsprozessen

In den Meetings bestand mein Job nicht darin, Lösungen parat zu haben, sondern das Mitarbeiterteam immer wieder aktiv einzubinden und Fragen zu stellen: Wie kann uns von Deutschland aus geholfen werden? Wer übernimmt den Kontakt mit dem Reisebüro? Welche alternativen Flug- und Transportmöglichkeiten gibt es? In welchen Abständen brauchen wir Rückmeldung? Wo gibt es Übernachtungsmöglichkeiten für neunzig Personen? Wie können wir die Konferenzteilnehmer informieren und beschäftigen, damit kein Lagerkoller auftritt? Wer übernimmt die Koordination?

Auch wenn wir mit neunzig Ärzten unterwegs waren: Wie stand es um die Gesundheit der Teilnehmer? Wurden Medikamente benötigt? Was musste besorgt werden und wo? Wer war verantwortlicher Ansprechpartner für Fragen und Bedürfnisse der Ärzte?

Lockern Sie Hierarchieebenen und begrüßen Sie Eigeninitiative

Man weiß nie, wie Teammitglieder auf den plötzlichen Stress und Verantwortungsdruck reagieren. So gab es von jetzt auf gleich faktisch keine echten Hierarchiestufen mehr. Ich habe erlebt, wie Abteilungsleiter schon bei der Organisation kleinster Dinge die Nerven verloren und Praktikanten relativ locker und stressfrei zur Höchstform aufliefen.

So hat eine unserer Praktikantinnen spontan und unaufgefordert einen SMS-Verteiler für alle aufgebaut. Das sind die Ideen, auf die man vielleicht nicht sofort selbst kommt, die aber im Team sofort abrufbar sind.

Kompetenz vor Zuständigkeit – Achten Sie auf eine sinnvolle Verteilung von Aufgaben

Hier bewährte sich die Idee, dass jeder im Team zur Problemlösung beitragen durfte, was ihm in Hinblick auf die Belastungssituation leichtfiel. In Krisenzeiten können wir am einfachsten das abrufen, worin wir uns sicher fühlen, was wir besonders gut können und was wir gerne machen. Der eine kann fürsorglich mit Menschen kommunizieren, ihnen das Gefühl von Sicherheit und Orientierung geben, der andere entpuppt sich als Organisationstalent und ist fit im Umgang mit technischen Fragen.

Ein Dritter ist hervorragend geeignet, die Stimmung im Team zu heben und dafür zu sorgen, dass alle regelmäßig zum Meeting erscheinen. Glauben Sie niemals, Ihre Leute gut zu kennen und lassen Sie sich überraschen! Lassen Sie einen Mitarbeiter in stressigen Krisenzeiten das machen, was er besonders gut kann. So nutzen Sie die vorhandenen Kompetenzen Ihres Teams.

Sorgen Sie für Feedback, stellen Sie Kommunikationsregeln auf

In diesem Falle war die wichtigste Regel: Absolute Diskretion! Was wir intern besprachen und was wir nach außen kommunizierten, wurde klar unterschieden. Zweite Regel: Panik vermeiden, ein Gefühl von Sicherheit und Orientierung geben. Dritte Regel: Gegenüber den Teilnehmern eine einheitliche, positive und lösungsorientierte Sprache benutzen. Wann immer es geht, wenden Sie die Regeln der smarten und sicheren Kommunikation an (siehe nächste Seite).

Pflegen Sie den regelmäßigen Informationsaustausch aller Beteiligten

Wir organisierten jeden Abend in der Hotel-Lounge eine Art Vollversammlung. Zwar hatten wir die undankbare Aufgabe, drei Abende hintereinander zu verkünden: „Wir haben noch kein Flugzeug organisiert, aber wir bleiben dran.“ Wichtiger aber war zu kommunizieren und den aktuellen Stand der Dinge mitzuteilen. Auch schweißten diese regelmäßigen Treffen die Gruppe zusammen, sie boten Raum für den nötigen Austausch und Spannungsabbau.

Lassen Sie Raum für Emotionen und Stressverarbeitung

In Krisensituationen sind Sie als Führungskraft auch eine Art Projektionsfläche. Damit umzugehen ist nicht immer einfach, für die Stimmung im Team aber wesentlich. Geben Sie daher allen Beteiligten immer wieder Raum und Zeit, ihren Emotionen Ausdruck zu geben. Das Wechselbad der Gefühle reichte auch in diesem Beispiel von Schock, Zweifeln, Ängsten, dem Gefühl von Ohnmacht, Hilflosigkeit bis hin zu Optimismus und einem hoch motivierten Engagement.

Je mutiger Sie sich Ihren eigenen Stimmungslagen gegenüber öffnen, desto besser können Sie mit den Gefühlsäußerungen Ihrer Mitarbeiter umgehen. Sie müssen dafür nicht selbst in große Emotionen ausbrechen. Wichtig ist, dass Sie die Gefühle der anderen selbst kennen und daher verständnisvoll, offen und emphatisch bleiben, wenn Mitarbeiter Ihnen gegenüber Gefühle wie Wut, Angst oder Traurigkeit zum Ausdruck bringen.

Nobody is perfect!

Und nicht zuletzt – rechnen Sie immer damit, dass in Krisensituationen nicht alles perfekt laufen wird. Sie werden – trotz bester Bemühungen – Fehler machen. Sie werden Zeit brauchen, sich auf die neuen Begebenheiten einzustellen. Sie werden experimentieren müssen und sich immer wieder fragen: „Habe ich mein Bestes gegeben?" Und Sie werden auf diese Frage keine unmittelbare Antwort bekommen. An dieser Stelle möchten wir noch einmal Andrew Zolli zu Wort kommen lassen:

„In all diesen Kontexten (von der Unternehmensplanung über Gesellschaftspolitik und Städteplanung bis hin zur Sicherung der Energieversorgung; Anm. d. Red.) zwingt uns das Konzept der Resilienz, die Möglichkeiten – ja, die Notwendigkeit – des Scheiterns ernst zu nehmen und die Grenzen unseres Wissens und Weitblicks zu akzeptieren. Das Konzept der Resilienz beruht auf der Annahme, dass wir nicht alles wissen und dass Überraschungen unvermeidlich sowie Fehler vorprogrammiert sind." (Zolli & Healy, 2013, S. 27)

Entwickeln Sie eine neue Unbefangenheit im Umgang mit unbekannten Situationen und Problemstellungen. Nutzen Sie Ihr natürliches Improvisationstalent, Ihre Kreativität, Flexibilität und Spontanität. Und vergessen Sie nie: Sie sind der geborene Experte in Sachen Change-Management!

Resiliente Kommunikation in Krisenzeiten und bei Stress

In Krisenzeiten reicht smart zu sein alleine nicht aus. Versuchen Sie es in der Kommunikation daher mit unserer Doppelt-Smart und Sicher-Strategie:

Doppelt SMART

S – Selbstbezogen + subjektiv
Beschreiben Sie Ihre persönliche Wahrnehmung, nutzen Sie Ich-Botschaften.

M – Messbar + machbar
Vereinbaren Sie eindeutige, klare Aufträge, bleiben Sie bei Fehlern tolerant.

A – Aktiv + achtsam
Nutzen Sie eine gegenwärtige, positive, lösungsorientierte Sprache.

R – Realistisch + rückkoppeln
Pflegen Sie Aushandlungsprozesse und geben Sie regelmäßig Feedback.

T – Terminiert + tolerant
Machen Sie feste Zeitangaben, planen Sie wesentlich mehr Puffer ein.

und SICHER kommunizieren

S – Schützend
Stellen Sie sich vor Ihre Mannschaft, lassen Sie Ihre Mitarbeiter vor anderen gut dastehen.

I – Interessiert
Stellen Sie Ihren Mitarbeiter Fragen. Interesse ist das beste Lob! Informieren Sie sich: Was läuft bereits gut und richtig? Zeigen Sie Interesse an Arbeitsfortschritten.

C – Charakteristisch
Heben Sie einzigartige und besondere Eigenschaften Ihrer Mitarbeiter hervor. Sprechen Sie in Projekten über das was neu und anders ist. Ziehen Sie positive Vergleiche.

H – Humorvoll
Zeigen Sie Humor und kultivieren Sie Großzügigkeit.

E – Empathisch
Nutzen Sie eine zugewandte Körpersprache, achten Sie auf Augenkontakt, modulieren Sie Ihre Stimme. Geben Sie mit eigenen Worten wider, was Sie verstanden haben.

R – Respektvoll
Tolerieren und beachten Sie die Sichtweisen und Meinungen anderer. Bitten Sie Mitarbeiter ausdrücklich um Ihre Meinung. Suchen Sie nach Verbindungen und Gemeinsamkeiten.

Zum Ausklang

„It´s all about in the moment and paying attention to what is happening right here, right now, waiting for kairos to appear. It is a process that is closely connected with, and invariably accompanied by humor."

David K. Hurst in „The new Ecology of Leadership"

„Humor ist, wenn man trotzdem lacht."

Dieses Bonmot widmete der Dichter Otto Julius Bierbaum seinem 1909 erschienenen Reisetagebuch „Yankeedoodle". In diesem Tagebuch beschrieb Bierbaum, was es damals hieß, mit einem Automobil auf Reisen zu sein und auf neue Art und Weise, die Welt zu erkunden - mit all den spannenden Möglichkeiten, aber auch allen Problemen, die sich ihm boten.

Wie werden nachfolgende Generationen in 100 Jahren auf uns blicken, wenn sie versuchen zu beschreiben, wie sich unser Leben durch die neuen Medien verändert hat? Über welche Probleme, die uns heute beschäftigen, werden spätere Generationen nur müde lächeln? „Keine Zeit für Kreativität und Muße? Den ganzen Tag gestresst und so wenig produktiv? Wie konnten unsere Großeltern bei all dem Wissen und der Technologie nur so primitiv und inkonsequent sein?"

Von der Logik, Einsicht und dem Selbstverständnis zukünftiger Generationen sind wir noch weit entfernt. Auch für uns ist heute so vieles offensichtlich, logisch und selbstverständlich, was für die Generation unserer Eltern und Großeltern schier undenkbar war:

Mal eben um die Welt und zum Mond fliegen! Eine Nachricht in weniger als einer Sekunde in ihre Bruchstücke zerlegen, um die Welt schicken und beim Empfänger wieder zusammensetzen, als wäre nichts geschehen. Pling! Sie haben Post!

Machen wir eine kleine Zeitreise ins Jahr 1515. An einer Poststation treffen wir einen Postreiter, der gerade sein Pferd wechselt. Wir kommen mit ihm ins Gespräch. Mit großer Begeisterung berichtet er, dass er und seine Kollegen dank der straffen Organisation des Postweges am Tag durchschnittlich 166 Kilometer Postweg bewältigen. So bringen sie heute eine königliche Nachricht von Frankfurt am Main bis nach Köln.

Wie ernst hätte uns dieser Reiter genommen, wenn wir ihm gesagt hätten, dass das Postwesen bald schon für den privaten Bereich geöffnet sein würde? Wie hätte er darauf reagiert, wenn wir ihm prophezeit hätten, dass es in 500 Jahren möglich sein wird, eine Nachricht in weniger als einer Sekunde einmal um die ganze Welt zu schicken? Ohne dabei Papier zu benutzen! Was, wenn wir behauptet hätten, es würde dann immer noch Postboten in den Städten geben, die - allerdings mit Drahteseln - Nachrichten von Haus zu Haus brächten. Wahrscheinlich hätten wir ihn und seinen Stand spätestens jetzt so beleidigt, dass er mit uns eine Prügelei angefangen hätte.

Die Begeisterung für Fortschritt ist immer relativ. Wie werden die folgenden Generationen über uns urteilen? Haben wir das Beste aus unseren Fähigkeiten gemacht? Haben wir unsere Potentiale genutzt? Sind wir in der kulturellen Entwicklung wirklich weiter gekommen? Was haben die einzelnen Staaten und was hat jeder einzelne Mensch dazu beigetragen?

Pro Sekunde nimmt die Weltbevölkerung um ca. 2,5 Menschen zu, d. h., es werden 2,5 Menschen mehr geboren als sterben. Wir laden Sie dazu ein, sich einmal für ein paar Minuten Zeit zu nehmen und sich die Zahlen auf der Weltbevölkerungsanzeige anzusehen (http://www.umrechnung.org/weltbevoelkerung-aktuelle-momentane/weltbevoelkerungs-zaehler.htm).

Während wir das Schlusswort zu unserem Buch schreiben steht die Uhr für einen flüchtigen Moment lang auf

7,258,370,133

Vergleichen Sie unsere Zahl mit der Ihren. Wie viele Menschen sind in der Zwischenzeit dazu gekommen? Wie viel Potential hat die Menschheit dazu gewonnen, um aus dem das Beste zu machen, was sie hier und heute vorfindet?

Es gab noch nie so viele Menschen auf der Erde. Und damit auch noch nie so viel Potential, die ökologischen, wirtschaftlichen, die politischen und sozialen Probleme unserer Zeit zu lösen. Jeder Einzelne von uns ist ausgestattet mit einem Bio-Computer, der Unglaubliches leistet. Sekunde für Sekunde. Das meiste leistet er für uns, ohne auch nur einen Funken Aufsehen dabei zu erregen. Der Körper arbeitet schnell, diskret und im Hintergrund. Er arbeitet so schnell und so diskret, dass wir die meisten seiner Dienstleistungen nicht bewusst mitbekommen.

Wir möchten Sie einladen, sich dieser enormen Leistung, die Sie und Ihre Mitarbeiter tagtäglich erbringen, mehr und mehr bewusst zu werden. Es wird Zeit, das volle Potential des Menschen wertzuschätzen und anzuerkennen. Und es wird Zeit, dieses Potential zu nutzen. Denn kein Bio-Computer arbeitet für sich alleine. Sein volles Potential entwickelt der Mensch erst durch die optimale Vernetzung und das Zusammenwirken mit anderen.

Was machen Sie, wenn Ihr IT-Netzwerk gestört ist? Sie sorgen schnellstmöglich dafür, dass die Grundlagen für Ihr Business wieder hergestellt werden. Die Kommunikation muss stimmen. Soft- und Hardware gehören regelmäßig auf den neuesten Stand gebracht und die Nutzer müssen geschult werden. Was würden Sie tun, wenn Sie einen Mitarbeiter dabei erwischen, wie er einfach die Verbindungen zu Ihrem IT-Netzwerk kappt? Wie viel Geld investiert Ihr Unternehmen in die IT-Security? Und wie viel Geld investiert Ihr Unternehmen in das Gesundheitssystem und in Mitarbeiterschulungen?

Die gute Nachricht ist: Mitarbeiter sind keine primitiven Computer. Sie sind weit mehr als das und bis heute nicht durch solche zu ersetzen. In einer Dienstleistungsgesellschaft, die von der Qualität der Zusammenarbeit, von Innovationskraft und Kundenzufriedenheit lebt, bedeuten zu viel Druck, Angst und Stress einen radikalen Leistungsabfall. Die mentale, psychische und körperliche Leistungskraft von Mitarbeitern gehört heute zu den Eckpfeilern einer resilienten Unternehmenskultur. Körper und Geist sind nicht dazu gemacht, in Krisenzeiten miteinander zu leiden, sondern voneinander zu lernen. Unterstützen Sie diesen Lernprozess, indem Sie eine Arbeitsatmosphäre schaffen, die von Sicherheit geprägt ist. Stärken Sie damit die natürliche Kommunikationskompetenz Ihrer Mitarbeiter und Ihr wichtigstes Kapital im Umgang mit Krisen und Veränderungsprozessen.

Wir danken an dieser Stelle allen Teilnehmern, dem Team und den Mitorganisatoren der Applied Improvisation Network Konferenz 2013 in Berlin. Insbesondere Martin Ciesielski, dem Mitbegründer des ResilienzForum, der das Thema der Konferenz „The Art of Leadership – How to create resilient cultures in a VUCA world" ins Leben gerufen hat. Mit ihm haben wir viele spannende Diskussionen zum Leben und Arbeiten in der VUCA-World gehabt und die Grundideen zum Gegenentwurf der SSEE-World entwickelt.

Wir danken den vielen Unternehmen, Führungskräften, Mitarbeitern, Trainerkollegen und Netzwerkpartnern für die gemeinsame Entwicklungs- und Zusammenarbeit der letzten Jahre. Gemeinsam blicken wir in eine spannende Zukunft, in der wir die Themen Angewandte Improvisation und Resilienzförderung weiter vertiefen werden.

Wir danken Ihnen, dass Sie sich die Zeit genommen haben, unser Buch zu lesen. Wir danken für Ihre Aufmerksamkeit, für Ihre vielleicht zustimmenden und auch kritischen Gedanken, die Ihnen dabei in den Sinn gekommen sind. Vielleicht nehmen Sie einige Ideen für sich in die Praxis mit und beginnen mit ihnen zu experimentieren. Lassen Sie das, was Ihnen nicht gefallen hat, einfach zwischen den Seiten zurück. Jene Leser, die sich auf einen Bonus freuen, finden auf der Verlagsseite und auf unserer Homepage weiteres Material: Entfallene Kapitel, weitere Praxisbeispiele, Coaching-Übungen, Literaturlinks und Videos.

Wir möchten unser Buch mit einem Interview beenden, welches wir gleich zu Beginn unseres Projektes gemacht haben. Wir danken Wolfgang Bosbach für seine erfrischende, authentische und Mut machende „hartnäckige Tendenz zur Lebensfreude".

Resilient von Hause aus - Interview mit Wolfgang Bosbach

„Der Rheinländer hat eine hartnäckige Tendenz zur Lebensfreude und die zeichnet wohl auch mich aus. Und wenn man in einer Krise steckt, dann muss man nicht verzweifeln, sondern aus einer schwierigen Situation das Beste machen."

Wolfgang Bosbach

Wolfgang Bosbach, 62, ist Mitglied des Deutschen Bundestages und seit 2009 Vorsitzender des Innenausschusses. Im Jahre 2010 machte er seine Krebserkrankung öffentlich, was ihm viel Bewunderung und Zuspruch einbrachte. Er steht für Offenheit, Toleranz und hat das Herz am richtigen Fleck. Angesichts dieser Lebenseinstellung und der Herausforderungen, denen er sich offen stellt, hatten wir allen Grund, Herrn Bosbach einige Fragen zu seinen persönlichen Resilienzfaktoren zu stellen. Direkte und erfrischende Antworten waren das Ergebnis. Antworten, die in diesem Buch immer wieder eine wichtige Rolle gespielt haben. Für diese Eindrücke danken wir Herrn Bosbach und wünschen ihm weiterhin viel Lebensfreude.

EstF: Sie haben in Ihrem Leben sicher schon einige Krisen in Ihrem persönlichen und beruflichen Umfeld erlebt. Welche Eigenschaften haben Ihnen bei deren Bewältigung geholfen?

Wolfgang Bosbach: Nerven bewahren, bei der Wahrheit bleiben, Vorbild sein. Dann kann man auch in Krisen auf Hilfe und Unterstützung zählen.

EstF: Woher nehmen Sie die Kraft, mit Ihrer gesundheitlichen Situation so offen umzugehen?

Wolfgang Bosbach: Die Offenheit fällt nicht wirklich schwer, weil es dazu keine vernünftige Alternative gibt. Wenn man so oft bei Ärzten oder im Krankenhaus sein muss wie ich, wenn man über Wochen jeden Tag in einem Wartezimmer sitzen muss, bleibt das nicht geheim. Und wenn ich beim Onkologen bin, dann nicht, weil ich Halsschmerzen habe. Und bevor Gerüchte die Runde machen, sagt man besser, was Sache ist, dann ist das Thema durch. Man macht es mit Heimlichtuerei nur schlimmer.

EstF: Was raten Sie anderen Menschen in so einer Lebenskrise?

Wolfgang Bosbach: Das muss jeder für sich selbst entscheiden. Lebenskrise ist nicht gleich Lebenskrise. Wenn man selbst ernsthaft erkrankt ist, ist das eine ganz andere Lage, als wenn man plötzlich arbeitslos wird. Es gibt kein Patentrezept bei Lebenskrisen und daher auch keines bei der Antwort, wie man darauf reagiert. Ich kann nur sagen, wie ich selber in einer bestimmten Situation reagiert habe oder reagieren würde. Andere mögen sich in gleicher Lage ganz anders entscheiden.

EstF: Ist Ihnen der positive Umgang mit Krisen von Natur aus gegeben oder haben Sie Ihre Haltung über die Bewältigung anderer Krisen erlernt?

Wolfgang Bosbach: Menschen entwickeln sich im Laufe eines langen Lebens weiter. Aber ich glaube auch, dass die wesentlichen Charaktermerkmale schon sehr früh feststehen und sich nicht grundlegend ändern.

EstF: Welche Charaktermerkmale haben Ihnen geholfen?

Wolfgang Bosbach: Vor allem die Freude am Leben. Ich gehöre nicht zu denjenigen, bei denen das Glas immer halb leer ist, bei mir ist es stets halb voll. Und wenn man in einer Krise steckt, muss man nicht verzweifeln, sondern aus einer schwierigen Situation das

Beste machen. Der Rheinländer hat eine hartnäckige Tendenz zur Lebensfreude und die zeichnet wohl auch mich aus.

EstF: Hat sich für Ihren Führungsalltag etwas verändert?

Wolfgang Bosbach: Nein, überhaupt nicht. Warum auch?

EstF: Haushalten Sie heute anders mit Ihren Kräften als vorher?

Wolfgang Bosbach: Das muss ich, zwangsläufig. Nicht, weil ich es unbedingt will, sondern weil ich es muss: Ich mache seit Jahren eine neue Therapie. Die zeigt erfreulicherweise Wirkung, leider aber auch unerfreuliche Nebenwirkungen. Aber besser so, als umgekehrt. Sie kostet viel Kraft, das heißt, ich muss mehr auf die Signale meines Körpers achten, und wenn ich merke – meistens gegen 22 oder 23 Uhr –, es geht nicht mehr, dann mache ich auch Feierabend. Früher hätte ich deswegen um die Uhrzeit ein schlechtes Gewissen gehabt, heute nicht mehr.

EstF: Sie sind im September für weitere vier Jahre als Direktkandidat in den Bundestag gewählt worden.

Wolfgang Bosbach: Ja – über das tolle Ergebnis habe ich mich sehr gefreut!

EstF: Das sind noch einmal vier Jahre. Was glauben Sie, wird sich in dieser Zeit ändern? Wenn man Ihren Terminkalender sieht, dann endet der Arbeitstag ja nicht immer um 23 Uhr.

Wolfgang Bosbach: Den Reiseaufwand werde ich stark reduzieren. Ich werde mich ganz auf Berlin und meinen Wahlkreis konzentrieren. Dass ich dann noch bundesweit so rastlos unterwegs bin wie jetzt, wird es nicht mehr geben. Bei den Terminanfragen wird kräftig aussortiert. Ich kann nicht weiterhin für eine zweistündige Veranstaltung acht oder zehn Stunden unterwegs sein – völlig ausgeschlossen.

EstF: Haben Sie noch Träume außerhalb der Bundestagsarbeit?

Wolfgang Bosbach: Köln muss wieder in der 1. Liga spielen (Was sie tatsächlich seit August 2014 wieder tun. Anm. der Autoren.) und ich möchte unbedingt noch einmal an der Westküste der USA den Highway Number One befahren. Vom Norden bis nach San Diego. Aber ich möchte auch einmal 14 Tage am Stück Urlaub nehmen, gerade weil ich das in den letzten 20 Jahren nicht gemacht habe. Man sagt ja, die Erholung beginne erst in der zweiten Woche. Das ist für mich ein wirklicher Traum. Zwei Wochen hintereinander Urlaub. Ich bin gespannt, wie sich das anfühlt. Nicht, dass mir nach einer Woche schon die Decke auf den Kopf fällt.

EstF: Wie wichtig ist Ihnen die Familie?

Wolfgang Bosbach: Sie ist der Dreh- und Angelpunkt von allem. Das ist der Heimathafen. Viele sind ja wirklich, wenn ich bei dem Bild bleiben darf, auf allen Weltmeeren unterwegs. Da braucht man einen sicheren Heimathafen, in den man zurückkehren kann, wo man wieder zu sich selber findet. Deshalb sind die Begriffe „Heimat" und „Familie" für mich sehr wichtig. Heimat ist für mich dort, wo ich geboren wurde, wo ich aufgewachsen bin, wo meine Familie und meine Freunde leben. Ich bin vor 62 Jahren in Bergisch Gladbach geboren worden und wohne noch immer dort. Und wenn kein außergewöhnliches Ereignis passiert, werde ich da auch mein Leben beenden.

Ich kann mir für mich persönlich keine schönere Stadt vorstellen. Wenn man keinen solchen Ankerplatz hat, geht es einem wie dem Fliegenden Holländer, der ständig unterwegs ist, getrieben auf den Weltmeeren, aber nie zur Ruhe kommt.

EstF: Hat der Rheinländer den Optimismus mit der Muttermilch aufgesaugt?

Wolfgang Bosbach: Eindeutig! Ich bin Rheinländer von Geburt und aus Überzeugung, von meinem ganzen Wesen her. Ich hatte vor einiger Zeit ein schönes Erlebnis mit kroatischen Politikern, die nicht wissen konnten, wo ich herkomme. Die hatten eine Art Deutschlandtournee hinter sich, die sie in Berlin beendet haben. Sie haben von München geschwärmt, von Dresden und Düsseldorf, aber am tollsten wäre es in Köln gewesen. Und ich dachte: Achtung, jetzt kommen der Dom und der Rhein, aber nein, sie waren in einem Brauhaus eingekehrt und hatten schon nach zehn Minuten Familienanschluss gefunden und standen zwei Stunden später kurz vor der Adoption. Die fühlten sich dort so nett aufgenommen, behandelt und ins Herz geschlossen. Das hat denen prima gefallen.

Das sagt etwas über unsere Wesensart aus. Man kommt mit dem Rheinländer schnell ins Gespräch. Es gibt zwei rhetorische Raffinessen. Eine davon lautet: „Was hältst du eigentlich davon ..., also wenn du mich fragst ..." Und dann wird die selbst gestellte Frage sofort beantwortet. Die zweite heißt: „Apropos krank!" Kein Mensch hat von Krankheit gesprochen, aber mit dem Einstieg kann man sofort etwas sagen, ohne sich anderen aufdrängen zu müssen.

EstF: Es gibt einen Abschnitt in Ihrer Biografie, den ich sehr interessant finde. Sie haben einmal einen Supermarkt geleitet. Hilft Ihnen das heute?

Wolfgang Bosbach: Ja. Das war eine Lehre fürs Leben, und zwar in doppelter Hinsicht. Zum einen: Nachdem meine Lehre abgeschlossen war, bin ich Supermarktleiter exakt in dem Markt geworden, in dem ich meine Lehre begonnen hatte. Ich konnte mich noch sehr genau an die Verkäuferinnen und Verkäufer erinnern, die mich als Lehrling immer gut behandelt hatten. Merke: Man sieht sich im Leben immer zweimal!

Zum anderen: Im Umgang mit Menschen. Wenn du im Handel tätig bist – und ich leitete einen relativ großen Supermarkt mit vielen hundert Kunden am Tag –, dann kommen unterschiedliche Temperamente, Charaktere, Alte und Junge, Frauen und Männer zusammen, und mit denen richtig umgehen zu können, das lernt man schnell. Man erfährt dort viele Dinge, die man in der Schule oder an der Universität nicht kennenlernt, aber im Leben gut gebrauchen kann. Wie jetzt in der politischen Arbeit. Lebens- und Berufserfahrung sollte man nicht unterschätzen – und die kann man nicht durch Bücher erwerben.

EstF: Gibt es zwei, drei Leitsätze aus dem Kölschen Grundgesetz, die Sie antreiben?

Wolfgang Bosbach: Sehr schön finde ich: „Et kütt wie et kütt!" Manche verstehen das als Fatalismus, ich sehe das etwas anders: „Glaube nicht, dass du auf alle Geschicke des Lebens wirklich Einfluss nehmen kannst." Es gibt ja den wirklich schönen Satz: „Der liebe Gott schenke dir die Kraft, das zu ändern, was geändert werden muss. Das tapfer hinzunehmen, was du nicht ändern kannst, und die Weisheit, das eine von dem anderen zu unterscheiden." Schön ist auch der Satz: „Et hätt noch immer joot jejange!" Will sagen: Kopf hoch – das Leben geht auch nach Enttäuschungen weiter!

Oder: „Et bliev nix wie et wor." Der Satz ist ebenso richtig wie falsch. Soll aber auf sympathische Weise zum Ausdruck bringen, dass wir ständig Veränderungsprozessen unterworfen sind.

Man soll nicht glauben, sich gegen Veränderungen stellen zu können, die unaufhaltsam sind. Ein schönes Beispiel ist Adam Opel, der genau wusste, dass das Automobil sich gegenüber der Pferdedroschke nie würde durchsetzen können. Niemals! Man konnte von Adam Opel Fahrräder kaufen, aber keine Autos. Erst die Söhne haben nach seinem Tod den Mut gefasst, sich hoch zu verschulden und auf die neue Mobiltechnologie zu setzen.

EstF: Was glauben Sie, wird sich in Zukunft durchsetzen, von dem wir heute sagen, dass es sich nicht durchsetzen lässt?

Wolfgang Bosbach: Ich möchte es mal umgekehrt sagen: Ich bin der festen Überzeugung, dass meine Kinder – meine Enkelkinder sowieso – noch erleben werden, dass alle Windräder, die wir heute aufbauen, wieder abgebaut werden, weil wir in 30 bis 40 Jahren völlig andere Möglichkeiten zur Energiegewinnung haben werden, an die wir heute noch gar nicht denken. Wie oft stehen wir heute vor Denkmälern früherer Epochen und denken: „Die waren aber damals lustig." „Das war damals halt Stand der Technik", würden wir heute sagen. Umgekehrt bewundere ich die Baukunst derjenigen, die den Kölner Dom gebaut haben, ganz ohne die technischen Hilfsmittel von heute. Vor 1200 Jahren hatten die Menschen keinen Hightech-Kran, sondern haben mit schierer Muskelkraft diesen Dom gebaut. Das ist doch grandios!

EstF: Wenn man Sie in Interviews erlebt, bekommt man den Eindruck, dass Sie dem Leben und Ihrem gegenwärtigen Schicksal gegenüber eine sehr versöhnliche Haltung einnehmen.

Wolfgang Bosbach: Das stimmt. Ich habe in meinem Leben viel mehr Glück als Pech gehabt. Ich habe das eine oder andere Mal richtig Pech gehabt, aber unterm Strich doch sehr viel mehr Glück.

Ich kenne andere, die ein viel schwereres Schicksal haben. Wenn ich Bilanz ziehe, muss ich mich nicht beklagen. Ich war mehr auf der Sonnenseite als im Schatten – auch wenn ich noch nicht weiß, was kommt. Ich habe allen Grund, dankbar zu sein.

EstF: Herr Bosbach, herzlichen Dank für das offene Gespräch.

Berlin, im Dezember 2013

Anhang

Literaturverzeichnis

Amann, E. G. & Ciesielski, M. (2014). Angewandte Improvisation als Werkzeug für resiliente Führung. In W. Stark, D. Vossebrecher, C. Dell & H. Schmidhuber (Hrsg.), Improvisation und Organisation: Muster zur Innovation sozialer Systeme. Bielefeld: Transcript.

Amann, E. G. (2014). Resilienz. Freiburg: Haufe.

Amann, E.G. (2014), Resilienzförderung nach dem Bambus-Prinzip®. Methoden der Improvisation und Bodybliss im systemischen Coaching, in: Andras Wienands (Hrsg.), System & Körper – Der Körper als Ressource in der systemischen Praxis. Göttingen: Vandenhoeck & Ruprecht.

Bund, K. & Rohwetter, M. (2014). So wollen wir arbeiten. In: Die Zeit, Nr. 15.

Carney, D. R., Cuddy, A. J. C. & Yap, A. J. (2010). Power Posing: Brief Nonverbal Displays Affect Neuroendocrine Levels and Risk Tolerance. Psychological Science, 21, (10), 1363–1368.

Connor, D. R. (1993). Managing at the Speed of Change. New York: Random House.

Denhardt, J. & Denhardt, R. (2010). Building organizational resilience and adaptive management. In J.W. Reich, A.J. Zautra & J.S. Hall (Hrsg.), Handbook of adult resilience (S. 333-349). New York: Guilford Press.

Drath, K. (2014). Resilienz in der Unternehmensführung. Was Manager und ihre Teams stark macht. Freiburg: Haufe.

Google (2014). Unsere zehn Grundsätze. Verfügbar unter http://www.google.de/about/company/philosophy/ [09.05.2014].

Gruhl, M. (2009). Die Strategie der Stehauf-Menschen: Resilienz - so nutzen Sie Ihre inneren Kräfte (2. Aufl.). Freiburg: Herder.

Hodscha, N. (1996). 666 wahre Geschichten. In U. Marzolph (Hrsg.) München: Beck.

Hüther, G. (2007). Biologie der Angst. Wie aus Streß Gefühle werden (8. Aufl.). Göttingen: Vandenhoeck & Ruprecht.

Johansen, B. (2012). Leaders Make the Future: Ten New Leadership Skills for an Uncertain World. San Francisco: Berrett-Koehler.

Johnstone, K. (2000). Theaterspiele. Spontaneität, Improvisation und die Kunst des Geschichtenerzählens (3. Aufl.). Berlin: Alexander Verlag.

Kothe, W. (2011). Gutachten von Prof. Dr. Wolfhard Kohte: Psychische Belastungen und arbeitsbedingter Stress – Mögliche rechtliche und sonstige Regulierungen. In L. Kamp & K. Pickshaus (Hrsg.), Regelungslücke psychische Belastungen schließen. Gutachten der Hans Böckler-Stiftung (S.10-68). Verfügbar unter http://www.boeckler.de/pdf/p_mbf_regellungsluecke.pdf [13.05.2014].

Levine, A. Peter (2012). Vom Trauma befreien. Wie Sie seelische und körperliche Blockaden lösen, (6. Aufl.). München, Kösel-Verlag.

Madson, P. R. (2009). Unverhofft kommt oft! Entdecken Sie Ihr Improvisationstalent: 13 geniale Alltagsstrategien. Kirchzarten: VAK.

Müller, D. G. & Schleip, R. (2011). Fascial Fitness: Fascial oriented training for bodywork and movement therapies. IASI Yearbook, 68-77.

Pelz. W. (2013). Auf die Probe gestellt. Personalmagazin, 1, 36-38.

Porges, S. W. (2010) Die Polyvagaltheorie. Neurophysiologische Grundlagen der Therapie. Emotionen, Bindung, Kommunikation & ihre Entstehung. Paderborn: Junfermann.

Poynton, R. (2008). Everything's An offer. How to do more with less. Portland, Oregon: On Your Feet.

Rampe, M. (2005). Der R-Faktor: Das Geheimnis unserer inneren Stärke. München: Knaur.

Schleip, R. (2014). Faszien-Fitness, Vital, elastisch, dynamisch in Alltag und Sport. München: riva Verlag.

Schnack, N. (2014). Leise überzeugen. Mehr Präsenz für Introvertierte. Der Ratgeber für Alltag und Beruf. Hannover: Humboldt.

Scholz, C. (2012) Generation Z: Willkommen in der Arbeitswelt. Und was andere Generationen von ihr lernen können. Verfügbar unter http://www.orga.uni-sb.de/standard_at/generation_z.html [28.09.2014]

Siegel, D. J. (2012). Mindsight. Die neue Wissenschaft der persönlichen Transformation. München: Goldmann.

Siemens (2014). Unsere Werte. Verfügbar unter https://www.smc.siemens.de/de/smc-kultur/unsere-werte/ [09.05.2014].

Storch, M. (2010). Wie Embodiment in der Psychologie erforscht wurde. In M. Storch, B. Cantieni, G. Hüther & W. Tschacher (Hrsg.), Wechselwirkung von Körper und Psyche verstehen und nutzen (2. Aufl.) (S. 37-72). Bern: Huber.

Taleb, N. N. (2007). The black Swan. The Impact of the Highly Improbable. New York: Random House.

Taleb, N. N. (2001). Fooled by Randomness: The Hidden Role of Chance in Life and in the Markets. New York: Random House.

Trend Update, (2011). Resilience. Das Management des Unerwarteten. Was Organisationen ändern müssen, um Krisenfest zu werden. Zukunftsinstitut GmbH. Verfügbar unter www.trend-update.de [09.05.2014].

Vingerhoets, A. J. J. M (2009). Weinen. Modell des biopsychosozialen Phänomens und gegenwärtiger Forschungsstand. Psychotherapeut, 54, S. 90-100.

Watziner, S., (2005). Erfolgreiches Führen in Tourismusbetrieben, Linz

Weick, K. E. & Sutcliffe, K. M. (2010). Das Unerwartete managen: Wie Unternehmen aus Extremsituationen lernen (2. Aufl.). Stuttgart: Schäffer-Poeschel Verlag.

Weick, K. E. & Sutcliffe, K. M. (2007). Managing the Unexpected. Resilient Performance in an Age of Uncertainty. San Francisco: Jossey-Bass.

Weick, K. E. & Sutcliffe, K. M. (2001). Managing the Unexpected. Assuring High Performance in an Age of Complexity. San Francisco: Jossey-Bass.

Wellins, R. W., Selkovits, A. & McGrath, D. (2013). Be Better Than Average: A study on the state of frontline leadership. Development Dimensions International. Verfügbar unter http://www.ddiworld.com/DDIWorld/media/trend-research/bebetterthanaverage_tr_ddi.pdf [09.05.2014].

Wildavsky, A. (1991). Searching for Safety. New Brunswick, N.J.: Transaction.

Zolli, A. & Healy A. M. (2012). Resilience – Why things bounce back. New York, N.Y.: Free Press.

Zolli, A. & Healy A. M. (2013). Die 5 Geheimnisse der Überlebenskünstler. Wie die Welt ungeahnte Kräfte mobilisiert und Krisen meistert. Gütersloh: Riemann Verlag.

Links

Sie möchten unsere Arbeit näher kennenlernen? Auf den nachfolgenden Internetseiten finden Sie ausführliche Informationen über unsere Angebote, Beratungsleistungen und Train-the-Trainer-Maßnahmen.

ResilienzForum
Berater- und Trainernetzwerk für Angewandte Resilienzförderung, Trainer- und Multiplikatoren-Weiterbildung
www.ResilienzForum.com

Resiliente Führung und Unternehmenskultur
Vorträge, Beratung, Coaching, Führungskräfte-Time-out
www.echt-starke-fuehrung.de

Angewandte Resilienzförderung
mit dem Resilienz-Zirkel-Training nach dem Bambus-Prinzip®
www.das-bambus-prinzip.de

Impro live! Akademie für Angewandte Improvisation
Improvisations- und Soft-Skills-Training
Trainer- und Multiplikatoren-Weiterbildung
www.impro-live-akademie.com

Applied Improvisation Network AIN
www.ain-network.org

Über die Autoren

Ella Gabriele Amann

Die Autorin geht seit 20 Jahren der Frage nach, inwieweit mit Mitteln der Angewandten Improvisation Gesundheit, Wohlbefinden und die Widerstandskraft gegenüber Krisen ausgebaut werden können. Ihr Schwerpunkt liegt in der Entwicklung neuer Trainingsformate, die das Ziel haben, Lern- und Veränderungsprozesse zu einem nachhaltigen Erlebnis zu machen. Sie lebt als Beraterin, Coach und Lehrtrainerin für Angewandte Improvisation und Resilienz in Berlin. Dort leitet sie seit 2010 das ResilienzForum sowie die impro live! Akademie für Angewandte Improvisation.

Frank Alkenbrecher

Mit über 20 Jahren Verkaufs- und Marketingerfahrung in der pharmazeutischen Industrie beleuchtet er das Thema Resilienz praxisnah unter dem Schwerpunkt "Echt starke Führung". Nach Studien in Deutschland, Österreich und den USA ist er seit 22 Jahren in verschiedenen Führungspositionen bei großen pharmazeutischen Herstellern und Biotech-Unternehmen tätig. Er gibt seine Erfahrungen in der Pharmaindustrie als Speaker und Führungskräfte-Coach weiter.

Unser Buchbonus – Das digitale Extra zur Printausgabe.

Ab jetzt werden unsere Bücher flexibel. Im Buchbonus finden neugierige Leser noch mehr und aktualisierte Inhalte zum Buch: neue Kapitel, Literaturlisten, Tabellen, Bilder, Videos, Audiodateien und anderes. Damit das Buch nicht zu Ende ist, wenn Sie es aus der Hand legen.

Sie können den Bonuscode mit Ihrem Smartphone einlesen oder den Code direkt eingeben.
http://www.book-on-demand.de/autoren/buchbonus

Bv3dYRMjPg

ISBN: 978-3-86386-806-2

Bereits erschienen

Ella Gabriele Amann
Frank Alkenbrecher

Das Sowohl-als-auch-Prinzip

Resilienz: Mit Sicherheit stark durch die Krise

Pro BUSINESS Verlag
1. Auflage 2015
Deutsch
235 Seiten, Hardcover, ca. 140 mm x 210 mm

ISBN: 978-3-86386-758-4

Die moderne Welt ist VUCA. Sie ist unberechenbar, unsicher, komplex und mehrdeutig. Das Improvisationstalent eines Jeden ist gefordert. Führungskräfte und Mitarbeiter müssen in Echtzeit aus Veränderungsprozessen lernen, Krisen bewältigen und jederzeit auf das Unbekannte eingestellt sein. Für Mitarbeiter, die es gewohnt sind, in einer stabilen, sicheren, einfachen und eindeutigen SSEE-World zu arbeiten, eine ungewohnte Herausforderung. Das Buch zeigt auf, wie das Sowohl-als-auch-Prinzip dabei hilft, die tägliche Balance zwischen den Anforderungen der neuen VUCA-World und der guten alten SSEE-World wieder herzustellen und damit Stress, Überforderung, Konflikten und psychischen Belastungen vorzubeugen.
Resilienzförderung ist in erster Linie Kulturförderung. Resilienzexpertin Ella Gabriele Amann und der langjährige Pharma-Manager Frank Alkenbrecher plädieren für einen Paradigmenwechsel im Führungsalltag für mehr Gelassenheit und ein neues Selbstverständnis im Umgang mit Krisen. Der Mensch kommt als geborener Sicherheitsexperte, Change- und Krisenmanager auf die Welt und ist von Natur aus in der Lage, hervorragend mit Herausforderungen umzugehen. Die Frage ist: Wie schaffen wir in Unternehmen ein neues Führungsverständnis der Sicherheit, innerhalb dessen Mitarbeiter ihr Potential, auch in turbulenten Zeiten, voll entfalten können.